視機能トレーニングセンター
Joy Vision代表
米国オプトメトリー・ドクター
北出勝也 監修

1日 5分！

はじめての

ビジョントレーニング

わくわくパズル＆ゲーム

ナツメ社

3

4

5

「どうしてできないの？」
こんな様子が

そこへうさぎがやってきて目をさましました

あれっ？なんかへん

文字や行を読み飛ばしたり、
同じ行を何回も読んだりしてしまう

グサッ

手先が不器用でおはしや
はさみがうまく使えない

わぁ！

ボールをうまく
キャッチできない

書こうとしたら
消されちゃった

連絡帳 6月3日

日付だけ…

黒板の文字を書き写すのが
とても遅い

見られませんか?

人やものに
よくぶつかる

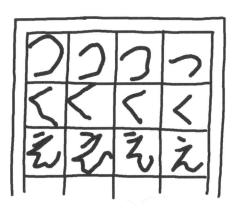

ていねいに書いても
字がきたない

集中して見ることが苦手で、話を
聞くときにもキョロキョロしている

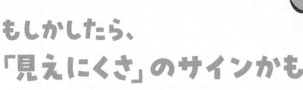

もしかしたら、
「見えにくさ」のサインかも

「見えにくさ」のサインが見られたら……
ビジョントレーニングで解決!

「見えにくさ」とは、「見る機能（見る力）が低い」ということ。
ビジョントレーニングを行うことで見る機能が高まり、
見えにくさが改善していきます。

「見る機能」は 眼 と 脳 と 体 の連携プレー

眼 で情報をとらえる

あっ！青が
チカチカ
してる

横断歩道の信号が点滅しているのを眼で見る。

脳 で認識

青の点滅って
ことは……

走って
渡ると
危ないな

止まら
なきゃ

眼から送られてきた信号の色を脳で認識し、体に指令を送る。

体 がサッと反応できる

止まろう

脳から送られてきた指令に従って、横断歩道の前で止まる。

「見る機能」は、大きく３つのプロセスに分けることができます。このうちの１つでも欠けたり、うまく連動しなかったりすると、「見えにくさ」の原因となるのです。そこで、どの機能も欠けることなく連動するように強化していくのが「ビジョントレーニング」です。

ビジョントレーニングすごろく

スタート
「見えにくさ」がある

ビジョン
トレーニングをする

苦手じゃ
なくなる

見る力がアップ

積極的に
取り組める

ゴール
自信がついて、
目標ができる!

1 書く力

- 文字や図形を正しく、人に伝わるように書（描）くことができる
- 黒板の文字やノートを書き写すのに時間がかからなくなる

ビジョントレーニングで育つ 7つの力

2 読む力

- 読み飛ばしや読み間違いが少なくなる
- 文章を正しく理解できるようになる

ライオンがひるねをしていました。そこへ……

3 作る力

- 直線や曲線に沿ってはさみで切ることができる
- 紙を折ったり、ひもを結んだり、手先を使った作業が苦手でなくなる

4 運動する力

- 飛んでくるボールをキャッチできるようになる
- お手本通りに体を動かせるようになる

5 集中力・注意力

- 授業中、勉強や作業に集中できる
- つまずいたり、ぶつかったりすることが減る

6 イメージ力

- 文字や図形の形を正しく思い浮かべられる
- 上下左右や距離感を正しく認識できる

7 記憶力

- 文字や数字を正しく覚え、覚えたことをすぐに思い出せる
- 探し物や忘れ物が減る

見る力をアップする！
4つの基本トレーニング

❶見たいものに視線を合わせる
追従性眼球運動（ついじゅうせいがんきゅううんどう）のトレーニング

眼球だけをなめらかに動かして、見たいものに視線を合わせるトレーニング。めいろなどの複雑な線を眼で追います。

→ ステージ1　37ページ〜

❶追従性眼球運動　❷跳躍性眼球運動
❸視空間認知　❹眼と体のチームワーク

❷点から点へすばやくピントを合わせる
跳躍性眼球運動 のトレーニング

見たいものを早く正確に探し出す力をつけるトレーニング。点から点へ視線をジャンプさせるように眼を動かします。

→ ステージ2 　61ページ〜

→ ステージ5 　129ページ〜

1日5分でOK！
家族みんなで、
眼と体を楽しく
動かしましょう

❸見たものを正しく認識する

視空間認知 （しくうかんにんち）のトレーニング

眼で見たものの情報を脳で正しく認識するトレーニング。見たものの形や大きさ、空間的な位置などを把握して、絵やパズルで再現する練習を行います。

→ ステージ2　61ページ〜　　→ ステージ3　81ページ〜

→ ステージ4　103ページ〜

体を動かす
トレーニングも
あるんだね！

❹眼からの情報に合わせて体を動かす

眼と体のチームワークのトレーニング

サッ
こう?
サッ

「見ること」と「体を動かすこと」をスムーズに連動させるためのトレーニング。見本を見て、すばやく指示通りに体を動かす練習を行います。

ニャン
ニャニャーン

➔ステージ5 129ページ～　➔ステージ6 143ページ～

楽しくトレーニングを
続けるコツは……

ビジョントレーニングに取り組むうえで、何より大事なのは
「楽しく続けること」。子どもが疲れているときや面倒になって
しまったときは無理しなくて OK。大人も一緒に楽しむ
姿勢で気軽にトレーニングを続けていきましょう。

「がんばったね！」
続けるだけで
すごいこと

「楽しいね」
大人もいっしょに
やってみよう

好きなもの
できるものから
始めよう

1日5分
やりたいときに
取り組もう

好きなこと
得意なことと
コラボしよう

ちょっとだけ
お風呂タイムや
寝る前に

できている？
集中できる
環境づくり

やる気でない
それなら無理せず
休んじゃおう

競争しよう！

いいよ〜

よ〜い

ニャン！！！

おうちのかたへ

　スマホやゲームなどの影響もあり、視覚機能の弱さをもっている子どもたちは以前よりも増えているように思います。昔よりも屋外で体を動かすことや、ボールや積み木などで遊ぶ機会が減ってしまったことも原因の一つだと考えられます。

　また最近は、新型コロナウイルス感染症の影響もあり、人とふれあって遊ぶ機会も減りました。眼と眼を合わせて会話するような機会も少なくなり、人の眼を見てコミュニケーションすることが難しい子どもたちも増えているようです。人やものとふれあって遊ぶことや、体を大きく動かす体験が少ないと視覚機能も発達しにくくなるのです。

　ビジョントレーニングを行うことで親子のコミュニケーションの機会も増え、楽しみながら、視覚機能の能力を伸ばしていくことができます。人の眼を見て会話ができるようになり、友達と仲よく遊べるようになることもあります。不登校だった子が、元気に学校に通えるようになることさえあります。

　本書では、楽しいイラスト入りのめいろや点つなぎ、まちがい探し、パズルなど、お子さんがわくわくしながら実践できるワークを多数紹介しています。ぜひ、がんばりすぎず、遊びのように取り組んでみてください。楽しく勉強や運動に取り組めるようになるご家庭や学校が増えていくことを願っております。

一般社団法人　視覚トレーニング協会　代表理事
米国オプトメトリー・ドクター

北出勝也

この本の特色と使い方

この本では、「見る力」を高めるためのビジョントレーニングを紹介しています。子どもが楽しく、ゲーム感覚でできるワークを多数収録。ぜひ、親子で一緒に取り組んでみてください。

ビジョントレーニング
ワーク

ワークページは、6つのステージに分かれています。お子さんが興味をもったステージから始めてみてください。ワークは、繰り返し取り組むことができるよう、コピーしてから使いましょう。

ステージ1　いろいろ線めいろ

→ 追従性眼球運動のトレーニング

ワークの難易度を示しています。
　レベル1…★☆☆
　レベル2…★★☆
　レベル3…★★★
レベルは3段階あり、やさしいものから難しいものへ、レベル順に並んでいます。

ワークのやり方

ワークのポイントやトレーニングの効果を高める方法を紹介しています。

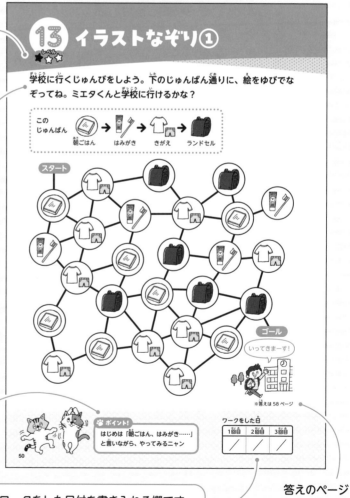

ワークをした日付を書き入れる欄です。コピーを取って繰り返しやりましょう。

答えのページ

トレーニングの前後に取り入れると
効果アップ！

ウォーミングアップ（→ 25 ページ）

ビジョントレーニングに慣れるために行う「眼の準備運動」です。眼の筋肉をほぐして、眼をスムーズに動かせるようにします。

イメージトレーニング（→ 33 ページ）

心を落ち着かせ、トレーニング効果を高めるためのイメージトレーニングです。楽しいことを思い浮かべて、脳と心をリラックスさせます。

ステージ2 ドキドキ点つなぎ

→ 視空間認知・跳躍性眼球運動のトレーニング

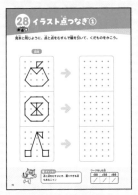

ステージ3 わくわく絵さがし・ことばさがし

→ 視空間認知のトレーニング

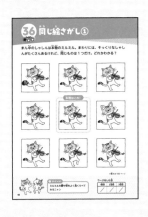

ステージ4 ばらばらパズル

→ 視空間認知のトレーニング

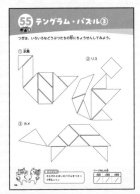

ステージ5 眼と手でおいかけっこ

→ 跳躍性眼球運動・眼と体のチームワークのトレーニング

ステージ6 ぴったりまねっこゲーム

→ 眼と体のチームワークのトレーニング

※別紙「テングラム・パズル型紙」「スティック・パズル型紙」を切りはなして使います。

もくじ

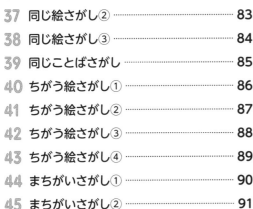

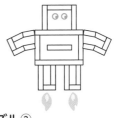

ステージ 5	眼と手でおいかけっこ
	―視線をジャンプさせる―

ステージ 6	ぴったりまねっこゲーム
	―眼で見て体を動かす―

見る力を調べる　チェックリスト

子どもの様子をよく観察して、当てはまるものに☑をつけてみましょう。

見る

- ☐ 1　近くを見るとき、顔をそむけるようにして横眼で見たり、片眼で見ようとしたりする

- ☐ 2　本やノートを見るとき、眼が近すぎる

- ☐ 3　しきりにまばたきしたり、眼をこすったりする

- ☐ 4　遠くを見るとき、眼を細める

- ☐ 5　黒板に書かれた文字をノートに写すのに、異常に時間がかかる

- ☐ 6　読んだり、書いたり、工作をしたりといった作業に集中できない

- ☐ 7　両眼が外側に離れていたり、内側に寄っていたりして、それぞれの眼が別の方向を見ていることがある

- ☐ 8　ものが二重に見えることがある

- ☐ 9　すぐに眼が疲れる

- ☐ 10　よくものをなくす。また、探し物をうまく見つけられない

- ☐ 11　定規の目盛りを見るのが苦手

読む

- ☐ 12　文字の読み間違いが多い

- ☐ 13　教科書や本を音読するとき、行を読み飛ばしたり、読んでいる場所がわからなくなったりする。同じところを繰り返し読んでしまうこともある

- ☐ 14　教科書や本を読むのに異常に時間がかかる

- ☐ 15　文章を読むとき、頭や体を上下左右に動かす

- ☐ 16　算数の問題を解くとき、計算はできるのに、文章題になると問題が理解できず、答えられないことがある

書く

- ☐ 17　漢字やひらがな、カタカナの書き間違いが多い

- ☐ 18　覚えた漢字やひらがな、カタカナを思い出すのに時間がかかる

- ☐ 19　よく鏡文字を書く

- ☐ 20　うまく描けない図形がある。または、お絵かきで描いたものが、周りの人に理解してもらえない

- ☐ 21　図形の問題が苦手

見たものに合わせて動く

- ☐ 22　文字を書くとき、マスや行からはみ出す。または読めないくらい形の乱れた文字を書く

- ☐ 23　筆算で位をそろえて書くのが苦手で、書いているうちに位がずれてしまう

- ☐ 24　はさみで切る、ボタンをはめる、ひもを結ぶといった手を使った作業が苦手で、不器用

- ☐ 25　ボールを投げたり、キャッチしたりするのが下手で、球技が苦手

- ☐ 26　ラジオ体操やダンスを見て覚えたり、まねしたりするのが苦手

- ☐ 27　鍵盤ハーモニカやリコーダーなどを演奏するとき、鍵盤や穴の位置をよく間違える

- ☐ 28　右・左がなかなか覚えられず、よく間違える

- ☐ 29　方向音痴で、よく道を間違ったり、迷ったりする

- ☐ 30　家具や歩いている人によく体をぶつけたり、つまずいたりする

チェックリストの結果は？

☑をつけた項目が多いほど、見る機能に問題があるということになります。チェックが3個以上ついていたら要注意。足りない機能がわかったら、そこを重点的にトレーニングしましょう。

1～11に☑がある場合

入力機能が不十分である可能性あり

「見る」の項目に☑がある場合は、ものを眼でとらえる入力機能に問題があります。見たいものにすばやく視線を合わせたり、眼で追ったりする眼球運動のトレーニングを行いましょう。

ステージ1 いろいろ線めいろ

追従性眼球運動の
トレーニングへ

12～16に☑がある場合

入力機能が不十分である可能性あり

「読む」の項目に☑がある場合も、見る機能の中の入力機能がうまく働いていないと考えられます。書かれた文字を眼でなぞったり、新しい行へすばやく視線を移動させたりするトレーニングが効果的です。

ステージ5 眼と手でおいかけっこ

跳躍性眼球運動・追従性眼球運動の
トレーニングへ

17～21に☑がある場合

視空間認知の機能が不十分である可能性あり

文字や図形を書(描)くのが苦手な子どもは、情報処理の機能が十分に育っていないと考えられます。眼で見たものの形や色、位置などを正しく認識する視空間認知の機能を向上させましょう。

ステージ2 ドキドキ点つなぎ

ステージ3 わくわく絵さがし・ことばさがし

ステージ4 ばらばらパズル

視空間認知のトレーニングへ

22～30に☑がある場合

視空間認知、出力機能が不十分である可能性あり

手先が不器用、体を動かすことが苦手な子どもは、眼でとらえた映像を正しく認識し、その情報をもとに体を動かす出力機能が未熟。眼と体がスムーズに連動するように、「見て動く」トレーニングを習慣にしましょう。

ステージ6 ぴったりまねっこゲーム

眼と体のチームワークの
トレーニングへ

眼をしっかり動かすための
ウォーミングアップ

まずは、しっかり眼を動かすことに慣れていきましょう。
眼の筋肉をほぐして、動きをスムーズにする「眼の準備
体操」を行います。慣れないうちは難しいので、お子さ
んと一緒にできる範囲で楽しくやりましょう。

眼の準備体操
なんだね

よーし
やるぞー

これだけでも
ビジョン
トレーニングに
なるんだって

ニャー
？

眼のキョロキョロ体操

まずは、眼をキョロキョロ
動かすことから始めましょう。

1 頭は動かさず、眼だけをいろいろな
方向に動かす。

上
下
右
左

ななめ上
ななめ下

反対のななめ上、
ななめ下も

2 ぐるりと眼を回す。

10回ずつくらい
やってみてニャン

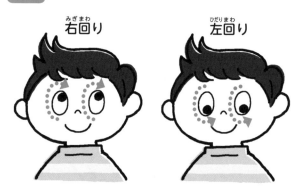

右回り
左回り

頭ぐるぐる体操

一点を見つめたまま、頭をいろいろな方向に動かし、
眼球を動かす体操です。

1 顔の前 30cm くらいの位置に親指を立てる。
指先を見つめたまま、頭を上下左右に動かす。

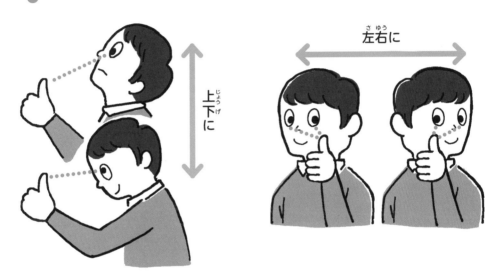

上下に

左右に

2 指先を見つめたまま、頭を横にたおしたり、
ぐるりと回したりする。

横にたおす

ぐるりと一周

反対回しも
やってみる
ニャン

眼でおいかけっこ

片手を顔の前でゆっくり動かし、指先を眼で追います。頭は動かさないようにして、それぞれ10秒くらいかけて動かしてみましょう。

1 目線の高さで、体から20〜30cm離れた位置に片手の親指を立て、指先を見る。

2 手を左右にゆっくり動かし、眼だけで指先を追う。

左右に

3 親指を立てた手を上下にゆっくり動かし、指先を眼で追う。

上下に

頭は動かさずに眼だけを動かすニャン

子どもが1人でやるのが難しいときは……

眼のウォーミングアップは眼の動き、手の動き、頭の動きなど、多くのことに注意を払わなくてはならないため、子どもがすべて1人でやるのが難しいこともあります。その場合は、大人がペンなどを使い、子どもの前でゆっくり動かしてあげましょう。

ペン先を見ててね

4 親指を立てた手をななめにゆっくり動かし、指先を眼で追う。

ななめ下へ　　　　　　　　ななめ上へ

5 親指を立てた手で大きく円を描き、指先を眼で追う。

ぐるりと一周

反対回しも

眼のジャンプ

両手を広げて、その指先を交互に見る運動です。頭は動かさず、目線がジャンプするようなイメージで眼をすばやく動かします。

1 両手の親指を立て、肩幅くらいに広げ、左右の指先を交互に見る。

眼だけを左右に
ジャンプ

2 両手を上下に広げ、指先を交互に見る。

眼だけを上下に
ジャンプ

できるだけすばやく
眼を動かすニャン

眼と体を動かすトランプ遊びで
生活の中でも見る力をアップ

日常生活や遊びの中でも、眼と体を動かす機会を増やし、見る力を鍛えましょう。おすすめはトランプ遊び。例えば、神経衰弱は、自分や相手がめくったカードを見て、記憶して、すばやく探す、「眼と脳と体を動かす」ゲーム。ほかにも、7並べ、ピラミッド、スピードなど、大人も子どものころを思い出して、一緒に楽しみましょう。

ジャンプ！

3 両手をななめに広げ、指先を交互に見る。

眼だけをななめ上下に
ジャンプ

反対も同様に

全部10秒間
くらいずつ
やってみるニャン

両眼をくっつける

両眼を真ん中に寄せる力を鍛える運動です。
眼が疲れるので、少しずつ、無理しないようにしましょう。

1 顔から 30cm くらいの位置に、片手の親指を立てて指先を見る。

前から見ると……

眼を真ん中に寄せるんだニャン

2 親指をゆっくりと近づける。

前から見ると……

親指が二重に見える手前まで近づけて、5秒キープ！

遠くを見てリラックス

この運動は眼が疲れるので、遠くを見て眼を十分にリラックスさせてから始めましょう。

32

さらに効果を上げるための イメージトレーニング

脳や心をリラックスさせてからワークに取り組むと、さらに効果的です。「過去」「現在」「未来」の楽しいことを思い浮かべる「イメージトレーニング」を行いましょう。

北出先生

過去 トレーニングの後や寝る前などに…
これまでで楽しかったことを思い浮かべる。

去年の夏はみんなで旅行に行ったなぁ……

すべり台はサイコー

30秒〜1分間ずつ、またはやりたいだけ

きたで せんせい
北出先生

「過去」をイメージするときは左上、「現在」は真上、「未来」は右上を見るなど、目線を決めておくとやりやすいです。目をつぶったほうがイメージしやすければ、目をつぶって行いましょう。

※人によって過去と未来が逆の場合もあります

朝起きたときやトレーニングの後などに…
これからやってみたいことや楽しいことを思い浮かべる。

こ〜んなタワーケーキが作れたらいいな〜

大きくなったら電車の運転士になりたいんだ

イメージトレーニングで
脳と体をリラックスした状態に

イメージトレーニングを行うことで、脳のアルファ波が優位になり脳がリラックスした状態に。「自分はできるんだ！」というプラス思考につながります。また、体もリラックスするため、視野が広がり、能力を発揮しやすい状態になります。

逆にマイナス思考のときには、脳も力を発揮しにくい状態になり、トレーニングをしてもいやな記憶として残ってしまいます。体がつらいときや気分が乗らないときはトレーニングを無理にしようとせず、まずよい気分になることや楽しいことを考えてみましょう。

視覚の専門家
「オプトメトリー・ドクター」

　「見る力」とは、眼からの情報を適切に受け取り、その情報をもとに体を動かす能力のことです。この「見る力」を最大限に引き出す視覚機能の専門家を「オプトメトリー・ドクター」といいます。

　眼の専門家というと「眼科医」を思い浮かべる人が多いと思いますが、眼に疾患がないかどうかを重視して治療を行う眼科医とは異なり、薬や手術に頼らず、トレーニングを行ったり、眼以外の場所に問題があることも想定して生活習慣のアドバイスを行ったりすることで、見る力を改善したい人を助けます。

　日本ではまだ国家資格として認められていませんが、アメリカのほか、ヨーロッパ、アジアなど、世界45か国以上では国家資格として認められており、専門職として広く知られています。最近では、日本でもスポーツ選手のパフォーマンスを上げるために、見る力のトレーニングが取り入れられるなど、視覚機能の専門家の存在が注目されています。

※視覚機能の専門家がいる機関は 158・159 ページ参照

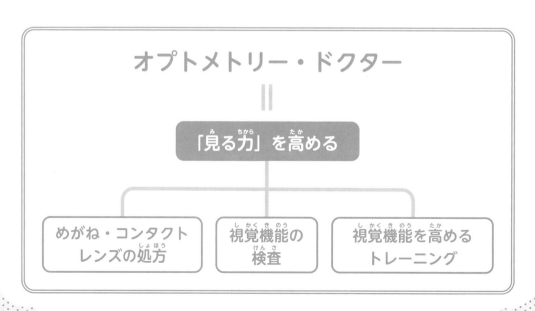

いろいろ
線めいろ
―眼で追う―

ステージ1は、追従性眼球運動の
トレーニングです。めいろのような曲線や
複雑に交差した線を眼で追ったり、
なぞったりすることで、見たいものに
視線を合わせる力を養います。

こんな効果が
あります

- ✓ 書き順に沿って文字が正確に書けるようになる
- ✓ 注意力が上がり、手先の作業が上手になる
- ✓ ボールキャッチがうまくなる

UFOを見つけたよ。ミエタくんからUFOまでの線をゆびでなぞって、うごきをたどってみよう。つぎに、はんたいからもなぞってね。

UFOを
はっけん！

ポイント！

まがるときに、線からはみ出さない
ように気をつけるニャン

ワークをした日

1回目	2回目	3回目
/	/	/

② 線なぞり（長いたて線）

レベル ★☆☆

青虫がはっぱを食べちゃった！ 青虫が食べたあとを、
ゆびでなぞってみよう。つぎに、はんたいからもなぞってね。

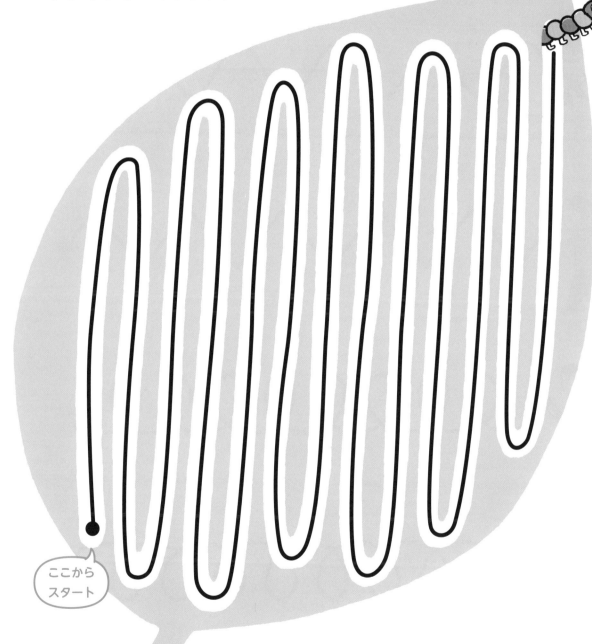

ここから
スタート

ポイント！

カーブするところも、はしまできちんとなぞるニャン

ワークをした日

1回目	2回目	3回目
/	/	/

39

3 線なぞり（4本のよこ線）

★☆☆ レベル

ミエタくんたちの手から光ビームが出ている！ 光の線を左から右へゆびでなぞろう。つぎに、はんたいからもなぞってね。

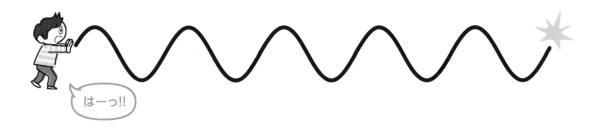

はーっ!!

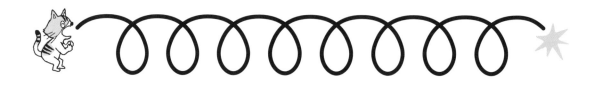

🐾 ポイント！

ゆびでなぞれたら、えんぴつでもなぞってみるニャン

ワークをした日

1回目	2回目	3回目
╱	╱	╱

 **4** レベル ★☆☆

線なぞり（4本のたて線）

みんなでつりに来たよ。何がつれるかな？ つりざおの糸を上から下へなぞってみよう。つぎに、はんたいからもなぞってね。

ステージ 1 …… いろいろ線めいろ

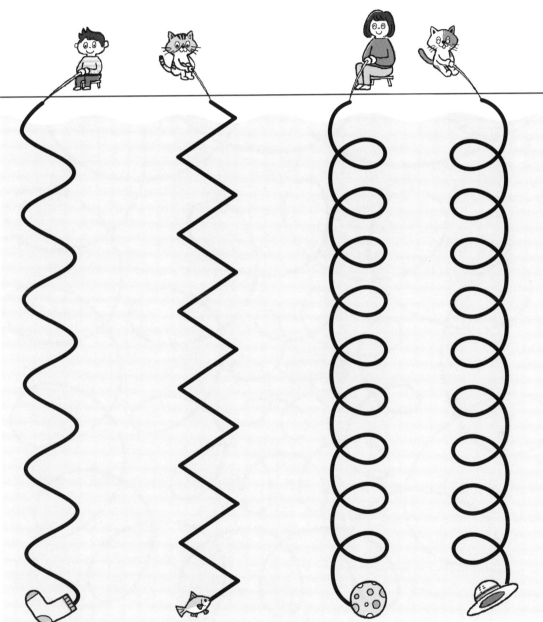

🐾 ポイント！

えんぴつで線をなぞると、レベルアップだニャン

ワークをした日

1回目	2回目	3回目
／	／	／

41

5 線なぞり（グルグル線）

レベル ★★☆

毛糸玉がころがっちゃった！ 毛糸玉からゴールまでの線をゆびでなぞって、糸をまきとろう。つぎに、はんたいからもなぞってね。

ここから
スタート

ゴール

🐾 ポイント！

頭はうごかさないで、眼だけで線をおって、ゆびでなぞるニャン

ワークをした日

1回目	2回目	3回目
╱	╱	╱

6 線なぞり（カクカク線）

ドライヤーの先はどうなっているのかな？ スタートからゴールまでの線をゆびでなぞってみよう。つぎに、はんたいからもなぞってね。

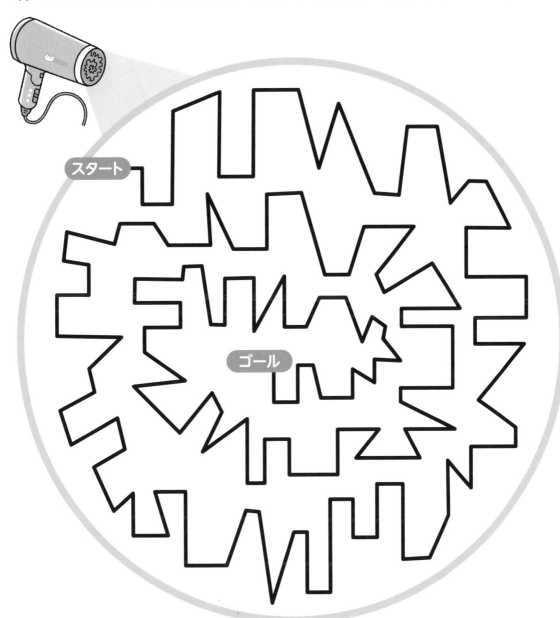

スタート

ゴール

ステージ1 …… いろいろ線めいろ

ポイント！

まがるところも、角までしっかりなぞるニャン

ワークをした日

1回目	2回目	3回目
/	/	/

7 線なぞり（いろいろな線）

ありをはっけん！ ありが歩いた道を、スタートからゴールまで
ゆびでなぞろう。つぎに、はんたいからもなぞってね。

スタート

ゴール

🐾 ポイント！

すすむ方こうがわからなくなった
ら、少しはなれて見てみるニャン

ワークをした日

1回目	2回目	3回目
/	/	/

線の間なぞり

おくりものなどにつけるひもを「水ひき」とよぶよ。どうやってむすんでいるんだろう？ はしからはしまで、ゆびでなぞってみよう。

ステージ1 …… いろいろ線めいろ

これは「うめむすび」というむすび方だよ

😺 **ポイント！**

線がかさなっているところは、すすむ方こうに気をつけるニャン

ワークをした日

1回目	2回目	3回目
╱	╱	╱

9 線めいろ（なみ線）

レベル ★☆☆

同じ花から花までの線を、上から下へ眼でおいかけながら、ゆびでなぞろう。つぎに、はんたいからもなぞってね。

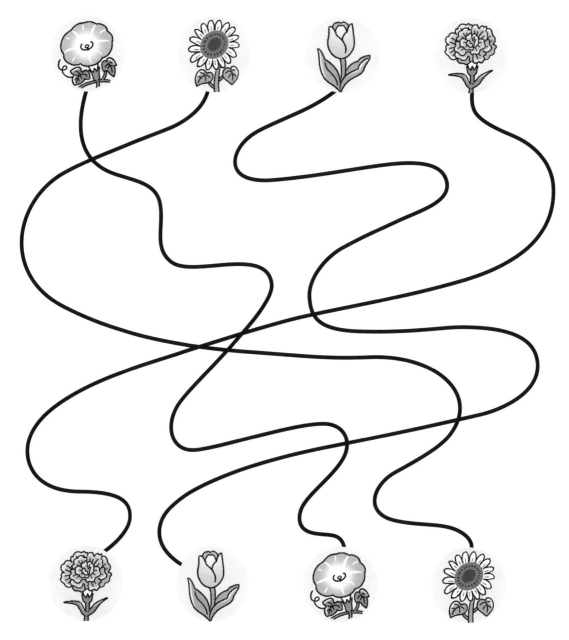

ポイント!

さいしょはゆっくりやってみて、2回目からスピードアップだニャン

ワークをした日

1回目	2回目	3回目
／	／	／

10 線めいろ（ギザギザ線）

同じ文ぼう具から文ぼう具までの線を、左から右へなぞろう。

つぎに、はんたいからもなぞってね。

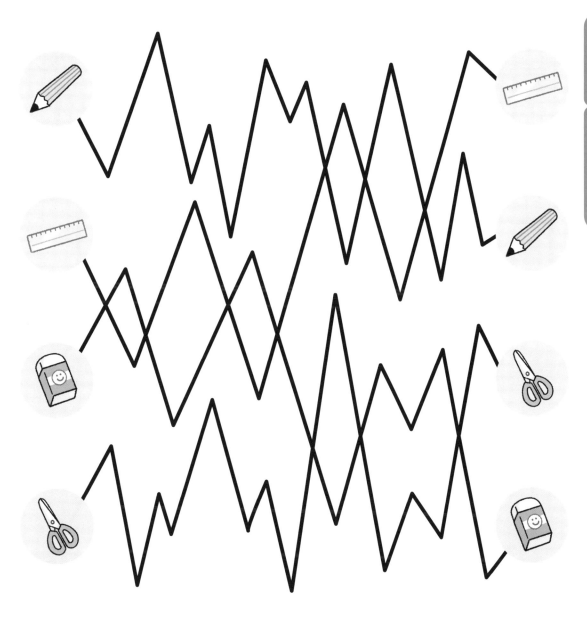

😺 ポイント！

頭をうごかさないで、眼だけをうごかしてなぞるニャン

ワークをした日

1回目	2回目	3回目
／	／	／

11 線めいろ（カクカク線）

★★☆ レベル

みんなでお昼ごはんを食べるよ。同じ食べものから食べものまでの線を、上から下へゆびでなぞろう。つぎに、はんたいからもなぞってね。

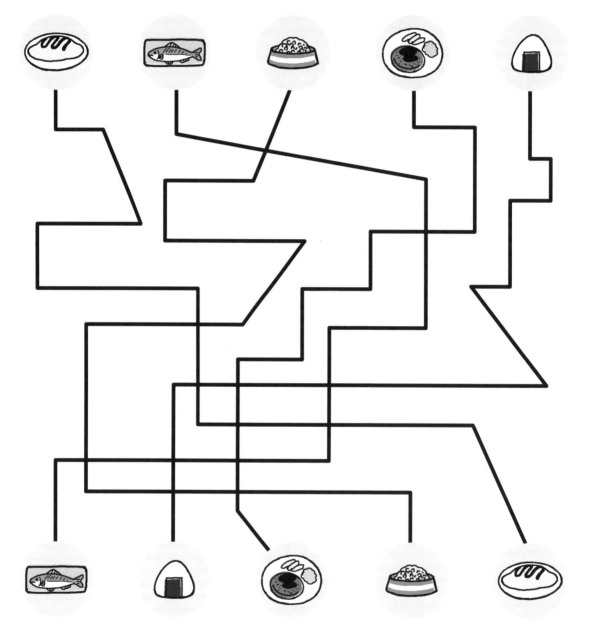

🐾 **ポイント！**

眼だけをうごかして、まずは角まで
ゆっくりとなぞるニャン

ワークをした日

1回目	2回目	3回目
／	／	／

 **線めいろ（いろいろな線）**

レベル ★★★

同じおもちゃからおもちゃまでの線を、左から右へゆびでなぞろう。
つぎに、はんたいからもなぞってね。

ステージ1 ……

いろいろ線めいろ

🐾 **ポイント!**

線がかさなっているところに気をつけ
ながら、眼をうごかしてなぞるニャン

ワークをした日

1回目	2回目	3回目
╱	╱	╱

 # イラストなぞり①

レベル ★☆☆

学校に行くじゅんびをしよう。下のじゅんばん通りに、絵をゆびでなぞってね。ミエタくんと学校に行けるかな？

このじゅんばん　朝ごはん → はみがき → きがえ → ランドセル

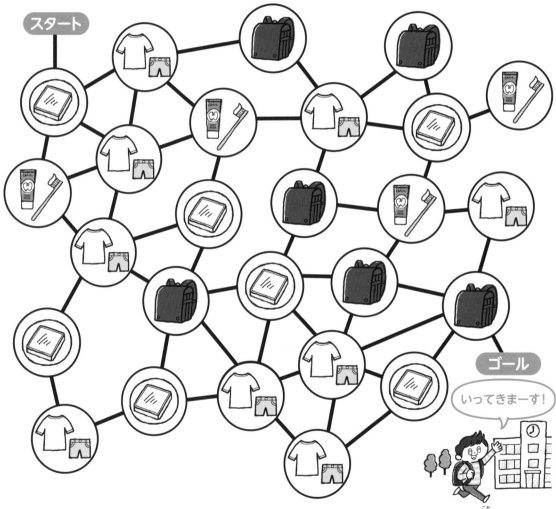

スタート

ゴール

いってきまーす！

※答えは58ページ

ポイント！

はじめは「朝ごはん、はみがき……」と言いながら、やってみるニャン

ワークをした日

1回目	2回目	3回目
/	/	/

パンケーキ作りにちょうせん！ 下のじゅんばん通りに、絵をゆびでなぞってね。じょうずに作れるかな？

この
じゅんばん

たまご → さとう → 牛にゅう → 小麦こ → バター

おいしそう

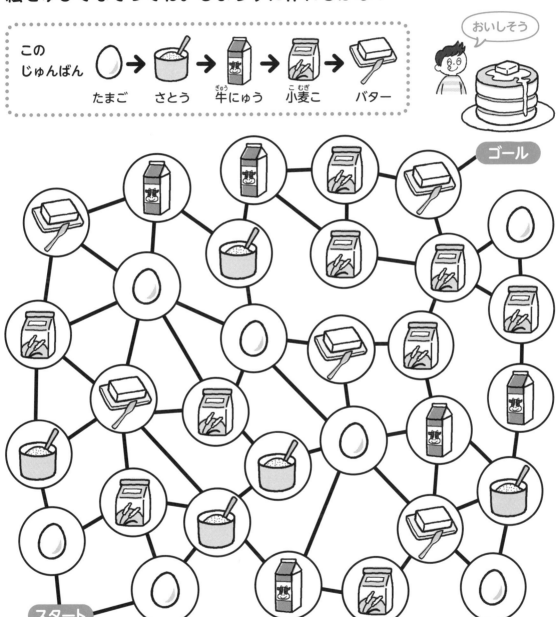

ゴール

スタート

※答えは 58 ページ

ポイント！
なぞるときに線からはみ出さないように気をつけるニャン

ワークをした日

1回目	2回目	3回目
/	/	/

51

ひとふでがきなぞり①

1本のひもでパンダが作れるよ。ひものはしからはしまで、ゆびでなぞろう。つぎに、はんたいのはしからもなぞってね。

ポイント！
ゆびでなぞれたら、紙を上においてえんぴつでなぞってみるニャン

ワークをした日

1回目	2回目	3回目
／	／	／

16 ひとふでがきなぞり②

レベル ★★☆

1本のひもでくつを作ってみよう。ひものはしからはしまで、
ゆびでなぞろう。つぎに、はんたいのはしからもなぞってね。

ステージ1 …… いろいろ線めいろ

ポイント!

まがり角も、きちんとはしまでなぞ
るニャン

ワークをした日

1回目	2回目	3回目
/	/	/

花にとまった「ちょう」の中がめいろになっている！ スタートからゴールまで、ゆびでなぞってすすんでみよう。

※答えは59ページ

🐾 ポイント！

ゆびでなぞれたら、つぎは眼だけですすんでみるニャン

ワークをした日

1回目	2回目	3回目
/	/	/

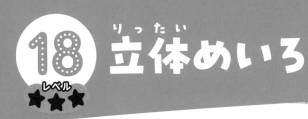

18 立体めいろ
レベル ★★★

友だちの家にあそびに行くよ。行き止まりにあたらないように
たどりつける？ とちゅうでどんなお店の前を通るかな？

ゴール

友だちの家は
ここだよ

かいだんを
のぼったり
おりたりも
できるよ

スタート

※答えは 59 ページ

🐾 ポイント！

トンネルをくぐるところもあるか
ら、よく見てニャン

ワークをした日

1回目	2回目	3回目
/	/	/

55

19 平面めいろ②

レベル ★★★

はくぶつかんに行ったら、大きな「きょうりゅう」のめいろが！
スタートからゴールまですすんでみよう。

スタート

ポイント！

時間を計ってやると、レベルアップになるニャン

「せなかの
　ほねのいた」まで
道が通っているよ！

ゴール

※答えは 59 ページ

ワークをした日

1回目	2回目	3回目
／	／	／

13 イラストなぞり①

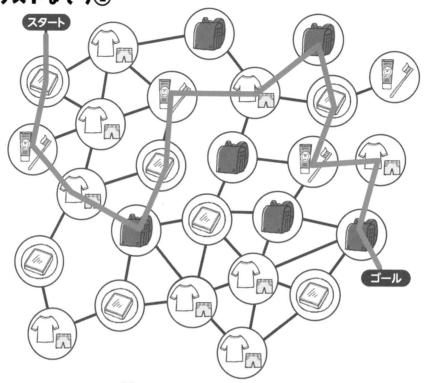

14 イラストなぞり②

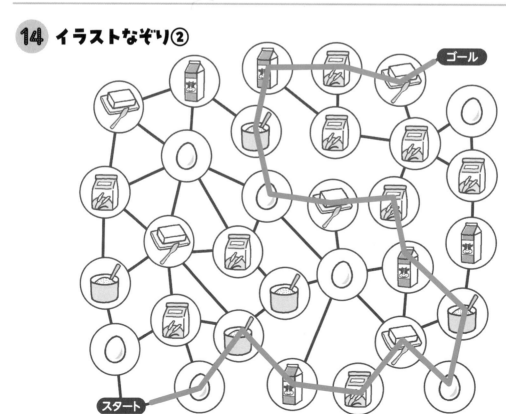

17 平面めいろ①

18 立体めいろ

19 平面めいろ②

眼の動きがスムーズに 文字が整う! 読むスピードアップ!

ビジョントレーニングを続けると、さまざまな力が育ち、得意なことが増えます。
約10か月のトレーニングで、文字を書くことや読むこと、さらにスポーツの場面で
もよい効果が得られた実例を紹介します。

トレーニング前

Aくん(8歳)

・絵を描くことが好きではない
・細かい作業が苦手、小さいブロックやパズルも好きではない
・文字を書くことや国語の宿題が苦痛
・文字を枠内に書くことが苦手、枠からはみ出してしまう
・指先の力が弱いため鉛筆やはしの使い方が不安定
・眼で見た大きな動作をまねることが得意ではない

※発達検査や学力チェックでの指摘なし

トレーニングスタート

漢字を覚える
スピードを上げたい!

テニスがもっと
うまくなりたい!

●追従トレーニング　●平均台　　　　　　　●お手玉
●跳躍トレーニング　●ブロックストリング　●手でボール壁打ち
●周辺視野トレーニング　●ジオボード　　　●タップイット
●ナンバータッチ　　●バランスボール　　　（光をタップするゲーム）

約10か月間トレーニングを継続。学校が長期休みの間は集中してトレーニ
ングを実施。改善が見られてからは、不定期で跳躍トレーニング、周辺視野
トレーニングを行う程度に抑え、日常的に眼を動かす遊びを取り入れている。

トレーニング後

・字が上手に書けるようになった
・文字が枠内におさまるようになった
・色塗りがうまくなった
・指先を使うことへの苦手意識が薄くなった
・「上手にできるかも!」と自信が出てきたように感じる
・横読みのスピードがアップした
・眼を動かすことがスムーズにできるようになった
・周辺視野が広がった
・テニスでボールの動きをしっかりとらえられている
・動体視力が上がっている（ボールを打つ瞬間、マークが見える）

4か月で書く力に変化が

トレーニング前

トレーニング後

ドキドキ点つなぎ

―眼を動かしてイメージする―

ステージ2は、視空間認知・跳躍性眼球運動の
トレーニングです。見たものの形や大きさ、
位置などを正しく認識して、
イメージ通りの図形やイラストを描きます。

こんな効果があります

☑ ものの形を正しく覚えられるようになる

☑ 文字や図形を正しくきれいにかけるようになる

☑ 距離感をつかめるようになる

20 図形点つなぎ①

レベル ★☆☆

見本と同じように、点と点をむすんで線を引いて、図形をかこう。

⑳〜㉟の点つなぎは、コピーしてからやると、何回もできるよ。

見本

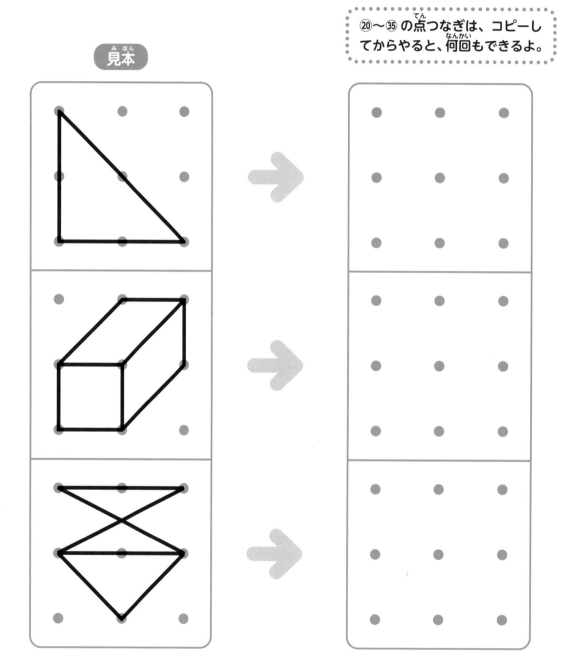

🐾 ポイント！

点から点までをしっかりつないで、まっすぐな線を引くニャン

ワークをした日

1回目	2回目	3回目
／	／	／

21 図形点つなぎ②

★★☆ レベル

見本と同じように、点と点をむすんで線を引いて、図形を
かこう。こんどは少しむずかしいよ。

見本

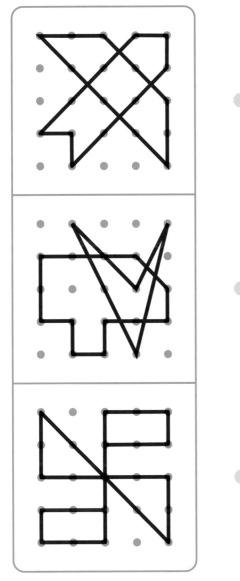

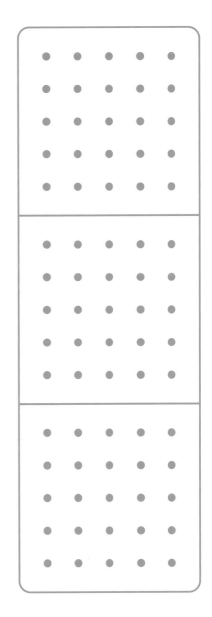

ステージ 2 …… ドキドキ点つなぎ

🐾 ポイント！

じょうぎをつかって直線を引くと、
きれいにかけるニャン

ワークをした日

1回目	2回目	3回目
/	/	/

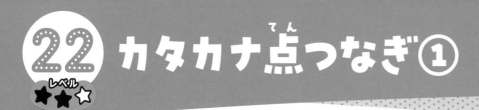

22 カタカナ点つなぎ①

見本と同じように、点と点をむすんで線を引いて、カタカナをかこう。

見本

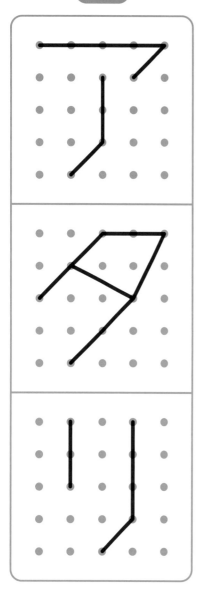

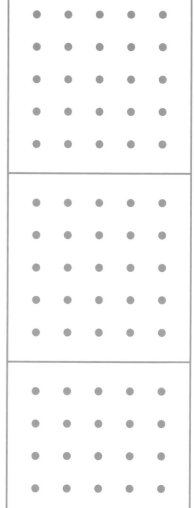

🐾 ポイント!

78・79 ページにすべてのカタカナの見本があるニャン

ワークをした日

1回目	2回目	3回目
/	/	/

64

23 カタカナ点つなぎ②

見本と同じように、点と点をむすんで線を引いて、カタカナをかこう。

見本

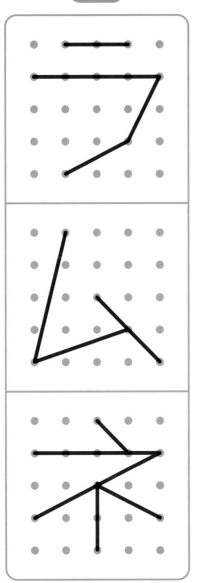

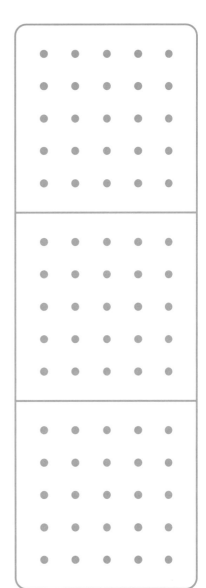

ポイント!

かんたんなカタカナは、1回見ただけで線をかいてみるニャン

ワークをした日

1回目	2回目	3回目
/	/	/

見本と同じように、点と点をむすんで線を引いて、数字をかこう。

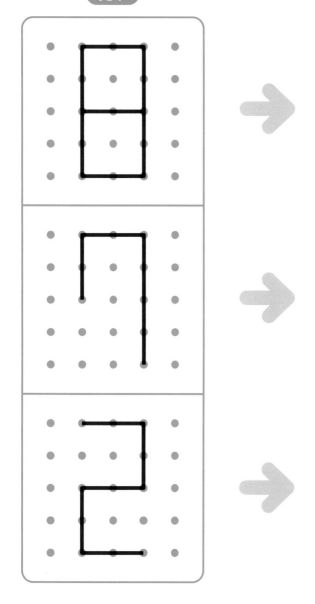

見本

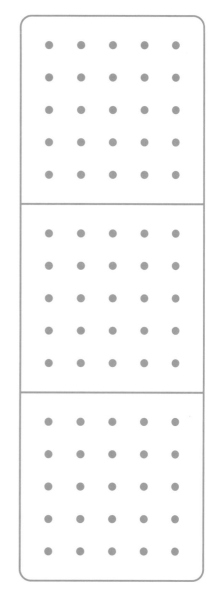

ポイント！
時計など、デジタルの数字の形を見てみてニャン

ワークをした日

1回目	2回目	3回目
／	／	／

25 数字点つなぎ②

★★☆ レベル

見本と同じように、点と点をむすんで線を引いて、数字を
かこう。

見本

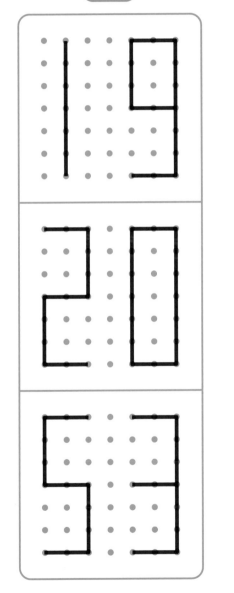

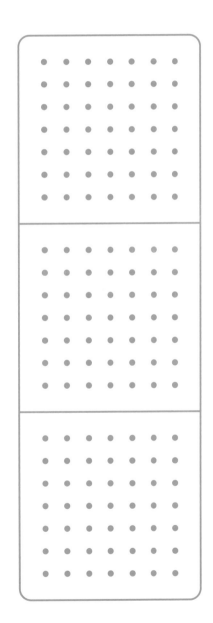

ステージ2 …… ドキドキ点つなぎ

🐾 ポイント!

見本がかけたら、78・79ページを見
て、ほかの数字もかいてみるニャン

ワークをした日

1回目	2回目	3回目
/	/	/

26 かん字点つなぎ①

★★☆ レベル

見本と同じように、点と点をむすんで線を引いて、かん字をかこう。

見本

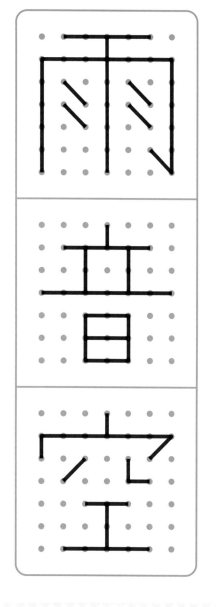

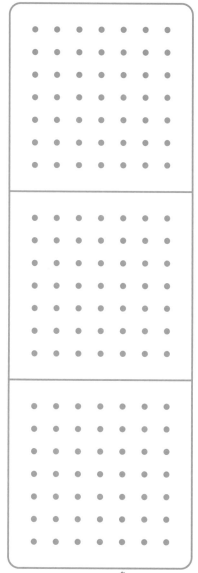

※書きじゅんは80ページ

🐾 ポイント！

むすぶ点をよく見て、書きじゅんどおりにかいてみるニャン

ワークをした日

1回目	2回目	3回目
/	/	/

27 かん字点つなぎ②

見本と同じように、点と点をむすんで線を引いて、かん字を
かこう。点の数が多いから、むずかしいよ。

見本

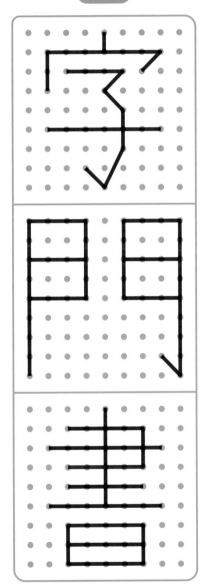

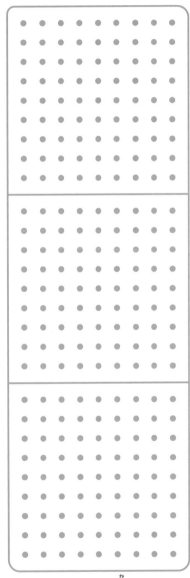

※書きじゅんは 80 ページ

ステージ 2 ……ドキドキ点つなぎ

🐾 ポイント！

むずかしいと思ったら、ほかの２つ
のかん字をかくしてやってみるニャン

ワークをした日

1回目	2回目	3回目
／	／	／

28 イラスト点つなぎ①

レベル ★★☆

見本と同じように、点と点をむすんで線を引いて、くだものをかこう。

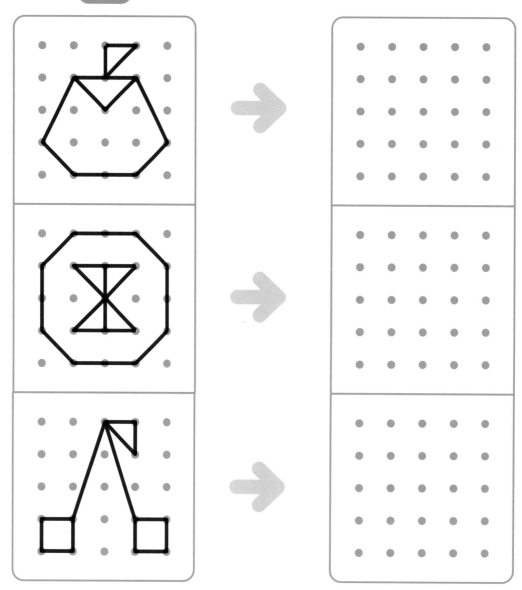

見本

ポイント!

点と点をむすぶとき、通りすぎる点もあるニャン

ワークをした日

1回目	2回目	3回目
／	／	／

見本と同じように、点と点をむすんで線を引いて、どうぶつ
をかこう。

見本

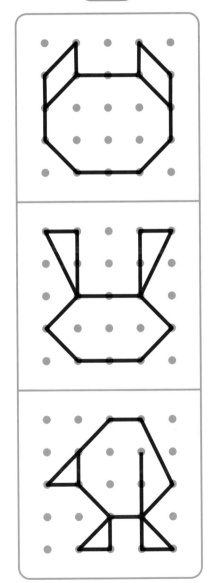

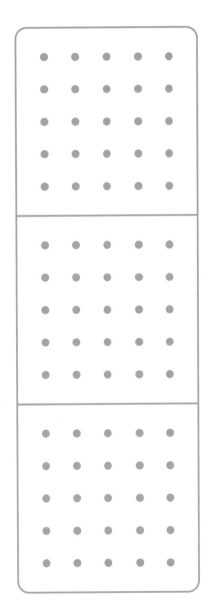

ステージ 2 …… ドキドキ点つなぎ

🐾 ポイント！

じょうぎをつかうと、まっすぐな線
が引けるニャン

ワークをした日

1回目	2回目	3回目
	/	/

30 イラスト点つなぎ③

★★★レベル

見本と同じように、点と点をむすんで線を引いて、「きつね」をかこう。

見本

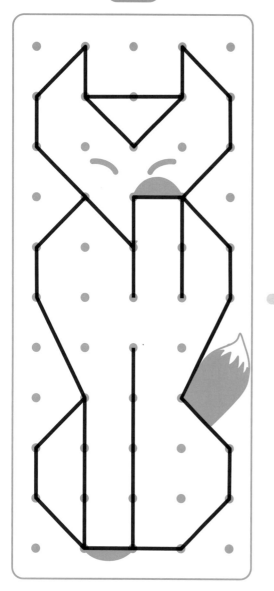

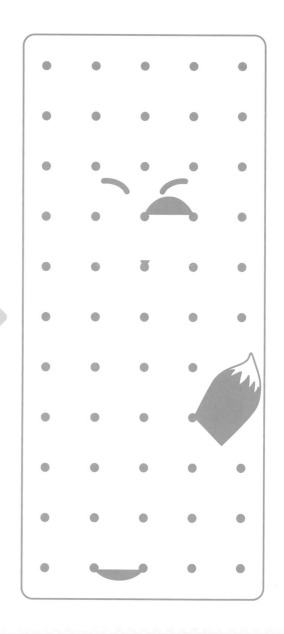

ポイント!
絵がかいてあるところも、よく見て
線を引くニャン

ワークをした日

1回目	2回目	3回目
／	／	／

31 イラスト点つなぎ④

レベル ★★★

見本と同じように、点と点をむすんで線を引いて、「船」をかこう。

ステージ2 ‥‥‥ ドキドキ点つなぎ

見本

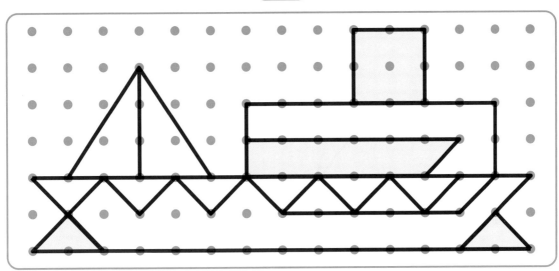

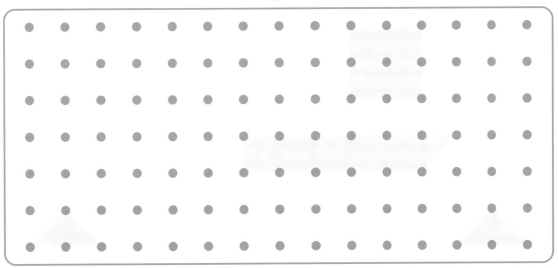

🐾 ポイント!

長い線は、じょうぎをつかうと、きれいに引けるニャン

ワークをした日

1回目	2回目	3回目
/	/	/

32 びっくり点つなぎ①

★★☆ レベル

1から30までの点をじゅんばんに線でつなぐと絵が出てくるよ。
どんな絵がかくれているかな？

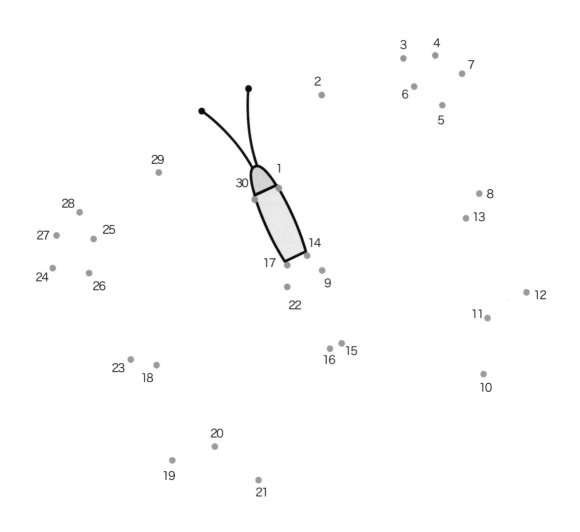

※答えは80ページ

ポイント！

はじめは「1、2、3……」と声に出
して、点をさがしてみてニャン

ワークをした日

1回目	2回目	3回目
／	／	／

33 びっくり点つなぎ②

レベル ★★☆

1から30までの点をじゅんばんに線でつないでみよう。
どんな絵がかんせいするかな？

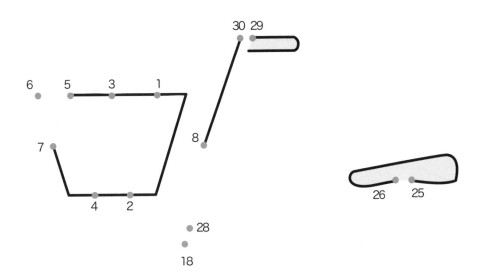

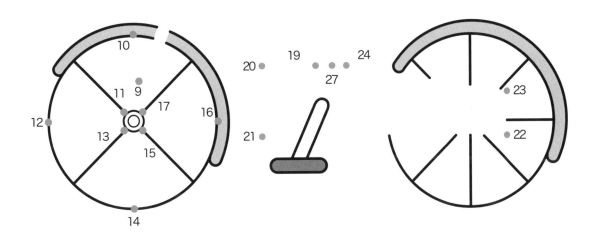

ステージ2 …… ドキドキ点つなぎ

※答えは80ページ

🐾 ポイント！

長い線がたくさん出てくるから、じょうぎをつかうと、うまくかけるニャン

ワークをした日

1回目	2回目	3回目
／	／	／

1から50までの点をじゅんばんに線でつないでみよう。
どんな絵になるかな？

※答えは80ページ

😺 ポイント！

点をさがすときは、頭をうごかさないで眼だけでさがすニャン

ワークをした日

1回目	2回目	3回目
／	／	／

35 びっくり点つなぎ④

レベル ★★★

1から50までの点をじゅんばんに線でつないでみよう。
こんどはどんな絵が出てくるかな？

ステージ2 …… ドキドキ点つなぎ

※答えは80ページ

ポイント！
絵を思いうかべながら、やってみて
ニャン

ワークをした日

1回目	2回目	3回目
/	/	/

点つなぎ カタカナ・数字見本

カタカナは5×5の点で、数字は7×7の点で、点つなぎができます。
いろいろなことばを書いてみましょう。

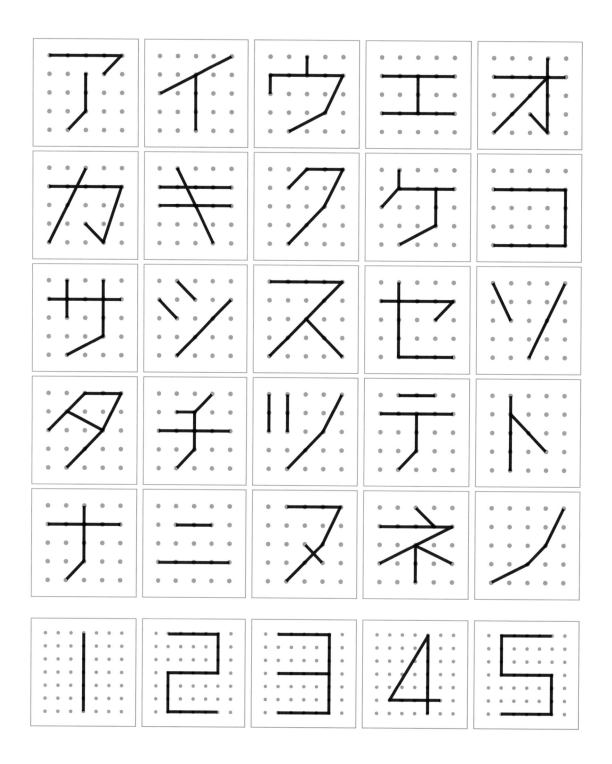

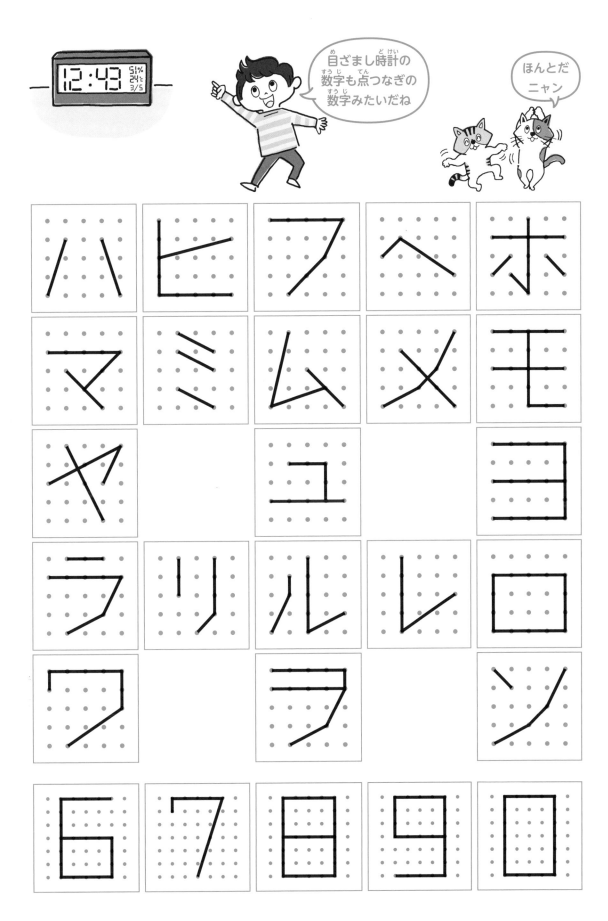

26 かん字点つなぎ①

27 かん字点つなぎ②

32 びっくり点つなぎ①

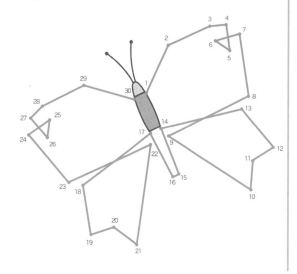

33 びっくり点つなぎ②

34 びっくり点つなぎ③

35 びっくり点つなぎ④

わくわく絵さがし・ことばさがし

―見分ける―

ステージ3は、視空間認知の
トレーニングです。同じ絵さがし、
まちがい探しなど、子どもがわくわく
しながら楽しめるワークで、
同じ絵や言葉を見分ける力を育てます。

こんな効果が あります

- ☑ ものの大きさや向き、形などを見分けられるようになる
- ☑ ものの特徴から違いを理解し、仲間分けができるようになる
- ☑ 人の顔が覚えやすくなる

36 同じ絵さがし①

レベル ★☆☆

まん中のしゃしんは本物のミルミル。まわりには、そっくりなしゃしんがたくさんあるけれど、同じものは1つだけ。どれかわかる？

本物はこれ！

※答えは100ページ

ポイント！

ミルミルの顔や体をよく見くらべてみるニャン

ワークをした日

1回目	2回目	3回目
/	/	/

同じ絵さがし②

大きなたんじょう日ケーキだ！ どれも同じに見えるけれど、
まん中のケーキと同じものは1つだけ。見つけられるかな？

本物はこれ！

※答えは100ページ

ステージ3 …… わくわく絵さがし・ことばさがし

🐾 ポイント！

ケーキのかざりも、よく見くらべて
みるニャン

ワークをした日

1回目	2回目	3回目
/	/	/

38 同じ絵さがし③

レベル ★★★

左上の絵はメルメルがお花つみをしているようす。まわりには、にている絵がたくさんあるけれど、同じ絵は1まいだけ。さがしてみてね。

本物はこれ!

※答えは100ページ

🐾 ポイント!

ちがうところを見つけたら、しるしをつけておくとわかりやすいニャン

ワークをした日

1回目	2回目	3回目
/	/	/

39 同じことばさがし

百人一首の歌を読んでみよう。右上の正しいふだと同じふだを1まいだけさがしてね。文字が少しちがうよ。

下のく

天智天皇
秋の田の
かりほの庵の
苫を荒み
我衣手は
露にぬれつつ

「上のく」と「下のく」があるよ

これが百人一首の絵ふだだよ

正しいふだ

わかころも てはつゆに ぬれつつ

わかころも
てはつねに
ぬれつつ

わかころも
てにつゆに
ぬれつつ

わかころも
てはしもに
ぬれつつ

わかころも
てはつゆに
ぬれつつ

わかころも
てはつゆに
めれつつ

わかころも
てはつめに
ぬれつつ

わかころも
てはつゆに
ぬれつつ

わかころも
てはつゆに
ぬれわつつ

※答えは100ページ

🐾 ポイント！

1文字ずつよく見てみるニャン

ワークをした日

1回目	2回目	3回目
/	/	/

野きゅうをしているミエタくんのしゃしんがいっぱい！ この中に１まいだけちがうものがまじっているよ。どれかわかる？

※答えは100ページ

🐾 ポイント！

ちがいをさがすときは、体、しせい、きているものなど１つずつ見ていくニャン

ワークをした日

1回目	2回目	3回目
/	/	/

86

41 ちがう絵さがし②

レベル ★★☆

電線にすずめがたくさんならんでいる。 みんなそっくり
だけど、1わだけちがうよ。見つけられるかな？

※答えは100ページ

ポイント！
そっくりな形にだまされないよう
に、よく見てニャン

ワークをした日

1回目	2回目	3回目
／	／	／

レベル ★★☆

お店のたなに、おもちゃのしょうぼう車がならんでいるよ。
あれ？ 1つだけちがうものがあるみたい。どれだろう？

※答えは101ページ

🐾 ポイント！
となりの絵とくらべながら、車についているものを1つずつ見てニャン

ワークをした日

1回目	2回目	3回目
/	/	/

43 ちがう絵さがし④

レベル ★★★

たんけんに出かけたら、たからばこを発見！ でも1つだけ
「にせもの」がまじっているんだって。どれかわかる？

※答えは 101 ページ

ステージ 3 …… わくわく絵さがし・ことばさがし

🐾 ポイント！

絵を少しはなして見ると、見つけや
すいこともあるニャン

ワークをした日

1回目	2回目	3回目
/	/	/

89

まちがいさがし①

ミエタくんたちがすべり台で遊んでいるよ。上の絵と下の絵のちがうところを３つ見つけて、○でかこもう。

※答えは 101 ページ

🐾 ポイント!

すべり台の形をよく見るニャン

ワークをした日

1回目	2回目	3回目
/	/	/

ミエタくんが大すきなスーパーのおかしコーナーに来たよ。
上の絵と下の絵のちがうところを5つ見つけて、○でかこもう。

※答えは101ページ

ポイント!
おかしの数や形も、よく見くらべて
みてニャン

ステージ3 …… わくわく絵さがし・ことばさがし

ワークをした日

1回目	2回目	3回目
/	/	/

91

まちがいさがし③

日曜日、みんなでバーベキューをしたよ。左の絵と右の絵のちがうところを 10 こ見つけて、○でかこもう。

🐾 ポイント!

ミエタくんの家ぞくに、ちゅうもくしてみてニャン

パパ〜
何をやいているの？

※答えは 101 ページ

ステージ3 …… わくわく絵さがし・ことばさがし

ワークをした日

1回目	2回目	3回目
／	／	／

47 ことばさがし（ひらがな①）

★☆☆ レベル

わく□の中に、どうぶつの名前が 10 こかくされているよ。たてとよこに読んで、見つけたら文字を ◯ でかこもう。下の絵もヒントにしてね。

ぞ	う	き	り	ん	み
な	し	け	て	す	う
も	ぐ	ら	ね	ず	み
ぶ	あ	す	こ	め	が
た	め	き	つ	ね	め

※答えは 102 ページ

ポイント！
名前がかさなっているところもあるニャン

ワークをした日

1回目	2回目	3回目
／	／	／

94

ことばさがし（ひらがな②）

レベル ★★☆

わく □ の中に、生きものの名前が 12 こあるよ。たて、よこ、ななめに読んで、見つけたら文字を ◯ でかこもう。

た	ぬ	き	ひ	う	く	ま
こ	ま	つ	る	け	じ	つ
ね	そ	つ	あ	に	ら	ば
さ	め	き	ん	か	ふ	め
ち	だ	の	そ	ぬ	ら	り
ゆ	か	も	や	す	な	す

ステージ 3 …… わくわく絵さがし・ことばさがし

ヒント

※答えは 102 ページ

🐾 ポイント！
海や空にいる生きものを思いうかべてみるニャン

ワークをした日

1回目	2回目	3回目
/	/	/

49 ことばさがし（カタカナ①）

わく□の中（なか）に、食（た）べものの名前（なまえ）が9こかくされているよ。たてとよこに読（よ）んで、見（み）つけたら文字（もじ）を ◯ でかこもう。

ネ	メ	リ	ン	サ	カ	ヨ
ヲ	ロ	ヌ	チ	ミ	レ	ー
ハ	ン	バ	ー	ガ	ー	グ
ム	イ	オ	ズ	ヤ	チ	ル
ユ	フ	ク	ス	ト	マ	ト
ア	ム	ラ	ー	メ	ン	ニ

 ヒント

※答（こた）えは102ページ

🐾 ポイント！

「ー」は音（おと）をのばす文字（もじ）だニャン

ワークをした日（ひ）

1回目（かいめ）	2回目（かいめ）	3回目（かいめ）
／	／	／

50 ことばさがし（カタカナ②）

こんどは、デザートの名前が 12 こ！ たて、よこ、ななめに読んで、見つけたら文字を ◯ でかこもう。

ハ	テ	ナ	ビ	ス	ケ	ツ	ト
ア	イ	ス	ク	リ	ー	ム	マ
イ	ミ	コ	ツ	レ	キ	ー	カ
メ	ラ	ル	キ	マ	ー	ス	ロ
ン	ス	コ	ー	ン	ア	プ	ン
ド	ー	ナ	ツ	ノ	ゼ	リ	ー
ア	ツ	プ	ル	パ	イ	ン	ム

小さい文字も大きい文字で書いてあるよ。

ヒント

チ	ヨ	コ

※答えは 102 ページ

ポイント！

小さい「ツ」もあるニャン

ワークをした日

1回目	2回目	3回目
／	／	／

51 たどり絵めいろ①

レベル ★★☆

ミエタくんがたんけんに出かけたら、ふしぎなとびらがいっぱい。
入口と同じもようのとびらをたどっていくと、出口につくよ。

※答えは 102 ページ

ポイント！

ドアのもようをよく見てニャン

ワークをした日

1回目	2回目	3回目
／	／	／

52 たどり絵めいろ②

★★★ レベル

だれかがおやつを食べちゃった！ スタートと同じ
足あとをたどって、おやつを食べたはん人をつかまえよう。

ゴール

ふーっ
おなか
いっぱい

※答えは102ページ

この足あと　スタート

ステージ3 …… わくわく絵さがし・ことばさがし

🐾 ポイント！
さいしょの足あとをよく見てからは
じめるニャン

ワークをした日

1回目	2回目	3回目
／	／	／

36 同じ絵さがし①

本物はこれ！

37 同じ絵さがし②

本物はこれ！

38 同じ絵さがし③

本物はこれ！

39 同じことばさがし

正しいふだ

ぬ て れ つ	わ か こ ろ も	ぬ て れ つ	わ か こ ろ も	ぬ て れ つ	わ か こ ろ も	ぬ て れ つ	わ か こ ろ も

40 ちがう絵さがし①

41 ちがう絵さがし②

42 ちがう絵さがし③

43 ちがう絵さがし④

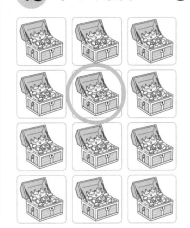

44 まちがいさがし①

45 まちがいさがし②

46 まちがいさがし③

47 ことばさがし（ひらがな①）

ぞ	う	き	り	ん	み
な	し	け	て	す	う
も	ぐ	ら	ね	ず	み
ぶ	あ	す	こ	め	が
た	め	き	つ	ね	め

48 ことばさがし（ひらがな②）

た	ぬ	き	ひ	う	く	ま
こ	ま	つ	る	け	じ	つ
ね	そ	つ	あ	に	ら	ば
さ	め	き	ん	か	ふ	め
ち	だ	の	そ	ぬ	ら	り
ゆ	か	も	や	す	な	す

49 ことばさがし（カタカナ①）

ネ	メ	リ	ン	サ	カ	ヨ
ヲ	ロ	ヌ	チ	ミ	レ	ー
ハ	ン	バ	ー	ガ	ー	グ
ム	イ	オ	ズ	ヤ	チ	ル
ユ	フ	ク	ス	ト	マ	ト
ア	ム	ラ	ー	メ	ン	ニ

50 ことばさがし（カタカナ②）

ハ	テ	ナ	ビ	ス	ケ	ツ	ト
ア	イ	ス	ク	リ	ー	ム	マ
イ	ミ	コ	ツ	レ	キ	ー	カ
メ	ラ	ル	キ	マ	ー	ス	ロ
ン	ス	コ	ー	ン	ア	ブ	ン
ド	ー	ナ	ツ	ノ	ゼ	リ	ー
ア	ツ	プ	ル	パ	イ	ン	ム

51 たどり絵めいろ①

出口

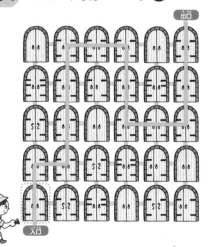

入口

52 たどり絵めいろ②

ゴール

ふーっ おなか いっぱい

この足あと スタート

ばらばら
パズル

―見ておぼえる―

ステージ4は、視空間認知の
トレーニングです。見本の形をイメージ
しながら、それをパズルで再現したり、
もののりんかくや形を正しく認識したり
する力を育てます。

**こんな効果が
あります**

- ☑ ものの大きさや形を正しく認識できるので、
  図形の問題がわかるようになる

- ☑ ものごとを頭の中でイメージできるようになる

- ☑ 記憶力が上がる

53 テングラム・パズル①

テングラム・パズルをつかって、いろいろな四角(しかく)と三角(さんかく)を作(つく)ってみよう。

① 長方形(ちょうほうけい)

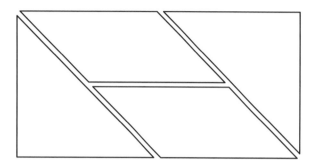

⑤3〜⑤8、⑥5〜⑥7のワークは、さいごのページにあるテングラム・パズルを切(き)りはなしてつかってね。

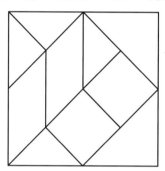

② 正方形(せいほうけい)

③ 三角形(さんかくけい)

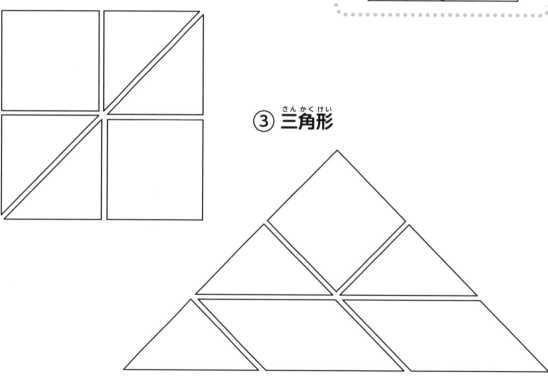

🐾 ポイント!

パズルを組(く)み合(あ)わせると大(おお)きな三角形(さんかくけい)や四角形(しかくけい)になるニャン

ワークをした日(ひ)

1回目(かいめ)	2回目(かいめ)	3回目(かいめ)
/	/	/

54 テングラム・パズル②

テングラム・パズルをつかって、クリスマスの「プレゼント」と「キャンドル」を作ってみよう。

②

①

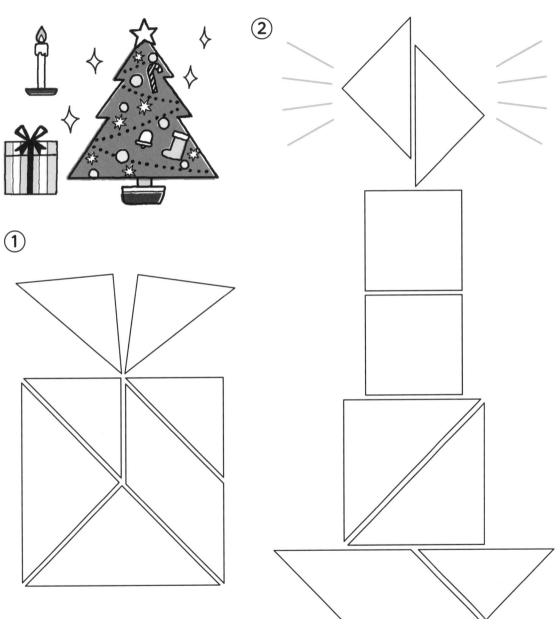

🐾 ポイント!

①は7まい、②は8まいのパズルをつかって作るニャン

ワークをした日

1回目	2回目	3回目
/	/	/

テングラム・パズル③

つぎは、いろいろなどうぶつたちの形（かたち）にちょうせんしてみよう。

① 水鳥（みずどり）

② リス

③ カメ

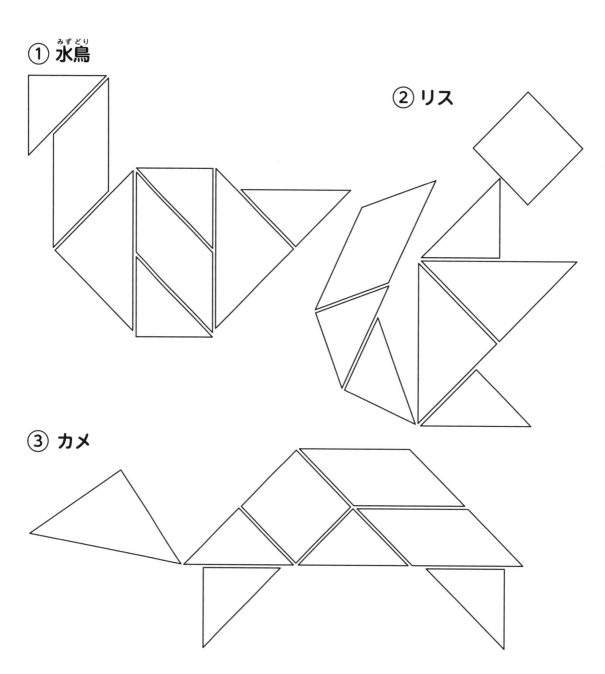

🐾 ポイント!

それぞれ8まいのパズルをつかって作る（つく）ニャン

ワークをした日（ひ）

1回目（かいめ）	2回目（かいめ）	3回目（かいめ）
/	/	/

56 テングラム・パズル④

★★★ レベル

走る人、つまずく人、バレーボールをする人……。
いろいろな人のうごきも、テングラム・パズルで作れるよ。

① ちこくだ、いそげ、いそげ！

② おっとっと！

③ そーれっ！

ステージ4 …… ばらばらパズル

🐾 ポイント！

パズルはたて、よこ、さかさま、いろいろなむきでつかうニャン

ワークをした日

1回目	2回目	3回目
／	／	／

107

テングラム・パズルをつかって、①～③と同じ形を作ってみよう。
何まいつかったかをヒントにしてね。

① ヨット

② 風車

6まいつかうよ

3まいつかうよ

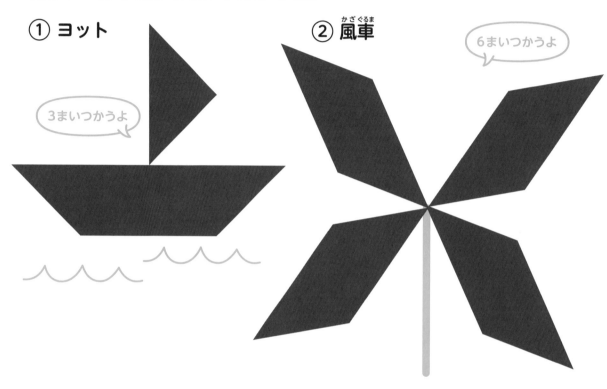

③ クジラ

6まいつかうよ

※答えは128ページ

🐾 **ポイント!**

ワークシートを200%にコピーして、
その上にパズルをのせてみるニャン

ワークをした日

1回目	2回目	3回目
/	/	/

つぎはパズルの数がふえて、少しむずかしくなるよ。

① エビフライ

7まい

② ほうせき

8まい

③ ロケット

9まい

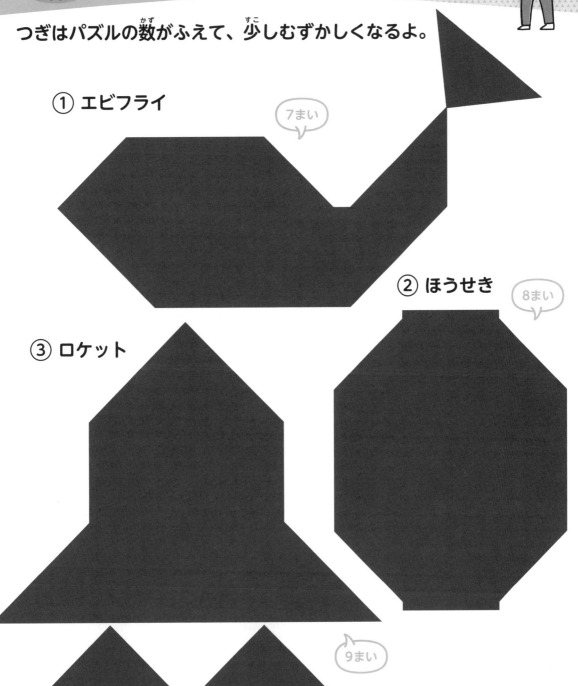

※答えは 128 ページ

ステージ **4**

ばらばらパズル

ポイント!
図形の内がわの線をそうぞうしなが
ら作ってニャン

ワークをした日

1回目	2回目	3回目
/	/	/

59 スティック・パズル①

★☆☆ レベル

細長い四角形のスティック・パズルをつかって、ひらがなの文字を作ってみよう。

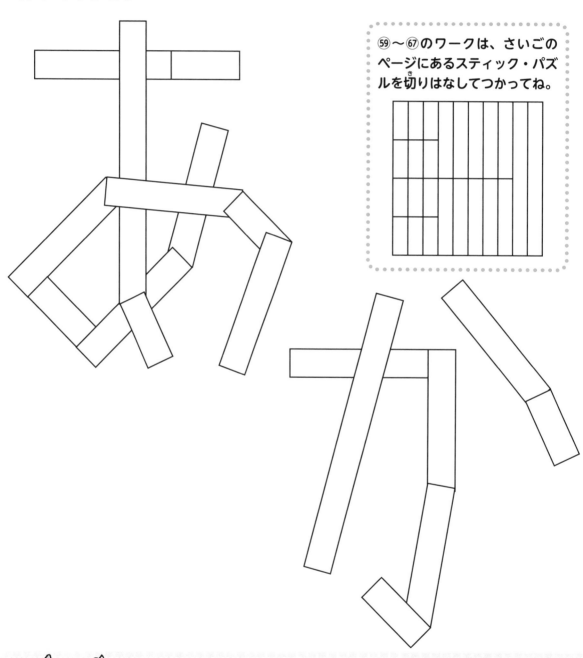

⑤⑨〜⑥⑦のワークは、さいごのページにあるスティック・パズルを切りはなしてつかってね。

🐾 ポイント!

丸みのあるひらがなは、みじかいスティックをたくさんつかうニャン

ワークをした日

1回目	2回目	3回目
／	／	／

60 スティック・パズル②

★☆☆ レベル

こんどはカタカナを作ってみよう。パズルの長さは 3 しゅるい
あるから、よく見て作ってね。

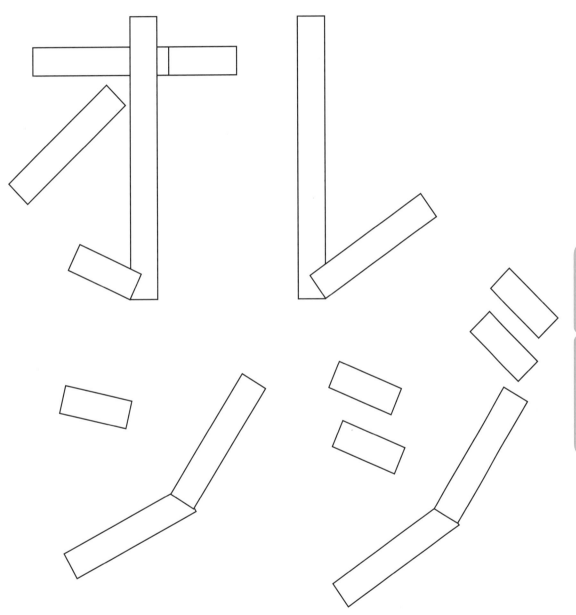

ステージ4

…

ばらばらパズル

ポイント!

スティックの長さのちがいにちゅう
いして、作ってみるニャン

ワークをした日

1回目	2回目	3回目
╱	╱	╱

こんどは2年生までにならうかん字を作ってみよう。

①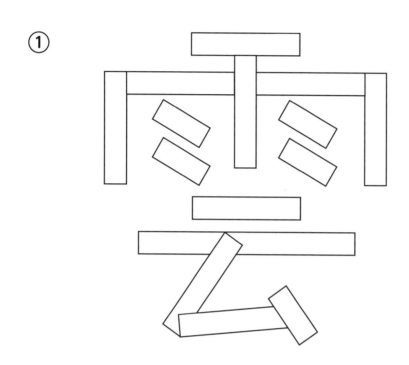

②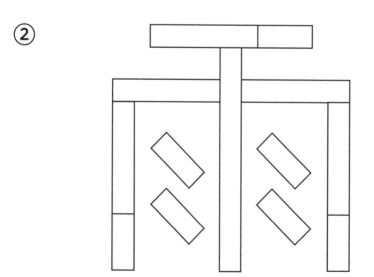

🐾 ポイント!

まず、かん字を声に出して読んでみてニャン

ワークをした日

1回目	2回目	3回目
/	/	/

62 スティック・パズル④

レベル ★★★

ミエタくんがスティック・パズルをつかって、じこしょうかいするよ。みんなも作ってみてね。

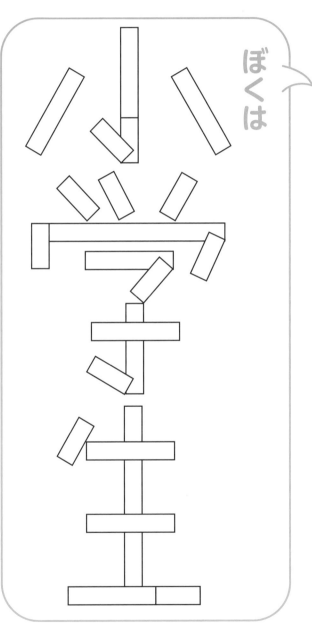

ぼくは

がとくいだよ！

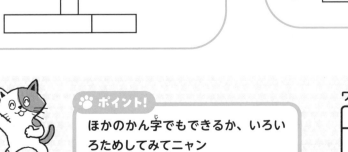

🐾 ポイント！

ほかのかん字でもできるか、いろいろためしてみてニャン

ワークをした日

1回目	2回目	3回目
╱	╱	╱

63 スティック・パズル⑤

★★☆

スティック・パズルでいろいろな絵がかけるよ。まずは「ロボット」を作ってみよう。

ワークをした日

1回目	2回目	3回目
／	／	／

★★☆ レベル

こんどは「きょうりゅう」にちょうせんしてみよう。

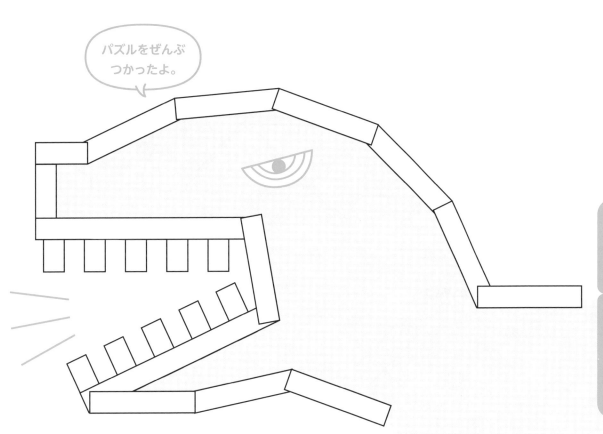

パズルをぜんぶ
つかったよ。

ステージ4……　ばらばらパズル

🐾 ポイント！

みじかいパズルをつかって「は」を
リアルに作ってニャン

ワークをした日

1回目	2回目	3回目
／	／	／

テングラム・パズルとスティック・パズルのりょう方をつかって、
下の図形を作ろう。

① ケーキ

わーい

② こどもの日のかぶと

にあうニャー

ポイント!

パズルはうらがえしにつかっても、
いいニャン

ワークをした日

1回目	2回目	3回目
/	/	/

66 いろいろパズル②

こんどはいろいろなどうぶつたちを作ってみよう。パズルは下と同じでなくても、かえて作ってみても楽しいよ。

① シカ

② ネコ

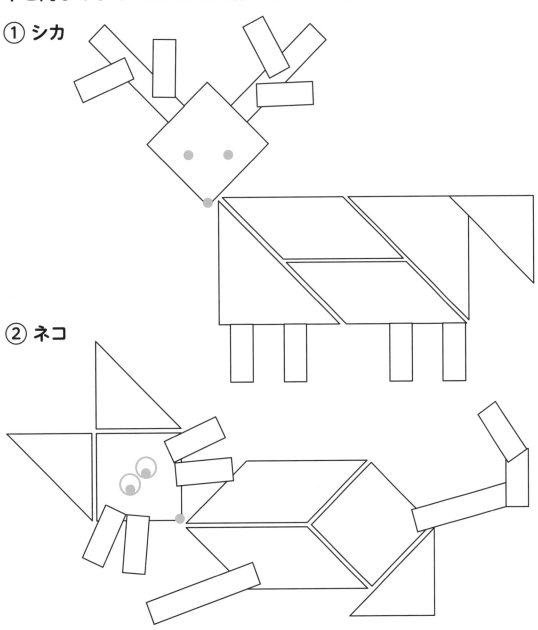

🐾 ポイント！

ちがう生きものを作ってみても、楽しいニャン

ワークをした日		
1回目	2回目	3回目
/	/	/

67 いろいろパズル③

海の中の魚たちを作ってみよう。パズルがくっついていたり、はなれ
ていたりするから、少しむずかしくなるよ。

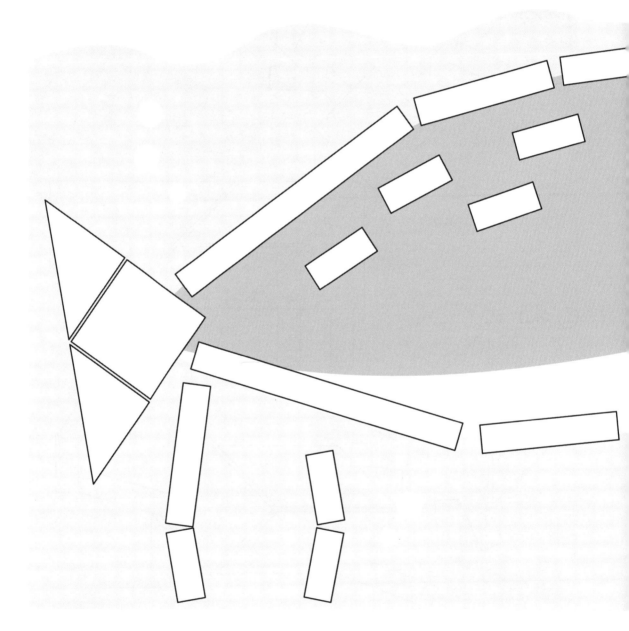

🐾 ポイント!

少しはなして見てみると、絵全体の
バランスがわかりやすくなるニャン

テングラム・パズルと
スティック・パズルを
すべてつかっているよ

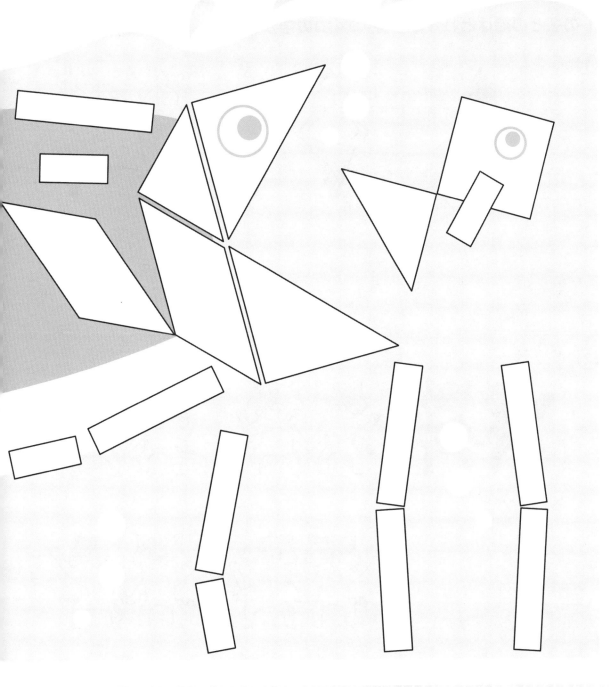

ワークをした日

1回目 かいめ	2回目 かいめ	3回目 かいめ
/	/	/

 # シルエットクイズ①

ものの形を黒くぬりつぶした絵をシルエットというよ。①②のシルエットのもとの絵はどれかな？ 右の４つの中からえらんで、○をつけてね。

①

②

※答えは 128 ページ

ポイント！

シルエットの形をよく見てそうぞうしてみてニャン

ワークをした日

1回目	2回目	3回目
/	/	/

120

69 シルエットクイズ②

レベル ★★☆

つぎは少しむずかしいシルエットだよ。「ショベルカー」と
「おしろ」をよく見てあててね。

①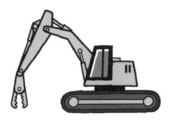

②

※答えは 128 ページ

ステージ4 …… ばらばらパズル

ポイント!
部分ごとに、シルエットの形と見く
らべてみてニャン

ワークをした日

1回目	2回目	3回目
／	／	／

70 かけらそうぞうゲーム

★★★ レベル

クッキーがわれてしまった！ かけた部分はどんな形をしているのか、
そうぞうしてかいてみよう。見本をさん考にしてね。

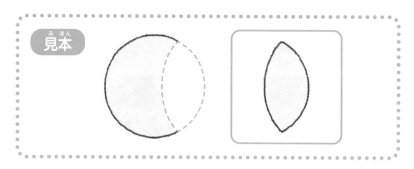

見本

①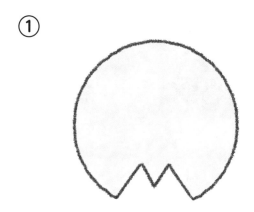

②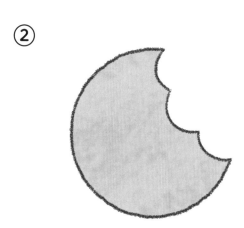

🐾 ポイント！

答えを紙にかいて切りとり、もとの図形にかさねてみると、わかるニャン

ハートの
形もあるね！

③

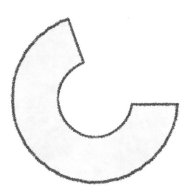

④

ステージ**4**

ばらばらパズル

⑤

※答えは 128 ページ

ワークをした日

1回目	2回目	3回目
/	/	/

71 かくし絵クイズ①

レベル ★☆☆

ひつじのむれの中に、1つだけちがうものがまじっているよ。
どこにいるかわかる？ ちがうものに○をつけてね。

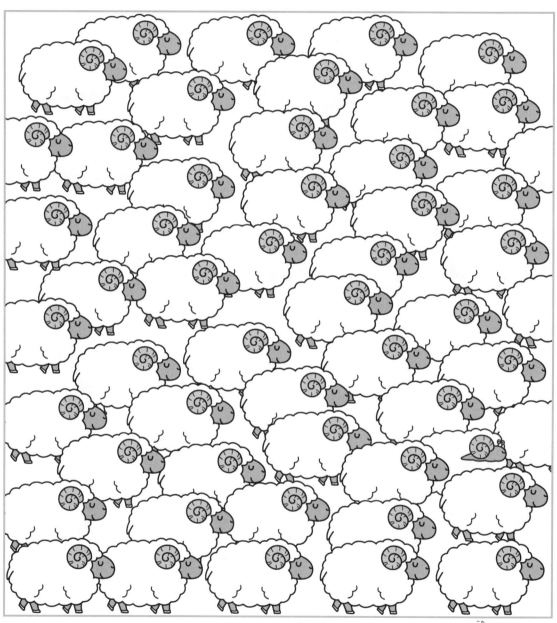

※答えは128ページ

ポイント！

ひつじの体や顔をよーく見るニャン

ワークをした日

1回目	2回目	3回目
/	/	/

サッカーボールがいっぱい。でも1つだけちがうものが
まじっているよ。どこにかくれているか見つけたら○をつけてね。

※答えは128ページ

ステージ4 ……

ばらばらパズル

🐾 ポイント！

絵を近づけたり、はなしたりしてみ
てニャン

ワークをした日

1回目	2回目	3回目
／	／	／

ばらばらになったかん字を組み立てよう。2年生でならうかん字1文字だよ。

①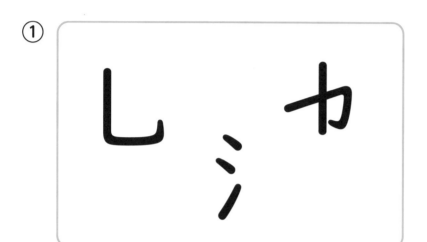

②

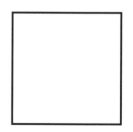

※答えは128ページ

😺 ポイント！

紙に書いて切りはなし、パズルみたいに組み合わせてみてニャン

ワークをした日

1回目	2回目	3回目
/	/	/

★★☆ レベル

ばらばらになったかん字を組み立てると、1つのことばになるよ。
かくれているかん字2文字をさがしてね。

この絵の中にヒントがあるよ

① 寺 日 十 言

② 一 糸 木 会

ステージ4 …… ばらばらパズル

※答えは128ページ

😺 ポイント！

イラストをヒントにして、考えてみてニャン

ワークをした日

1回目	2回目	3回目
/	/	/

57 シルエットパズル①

①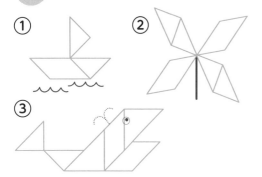

②

58 シルエットパズル②

①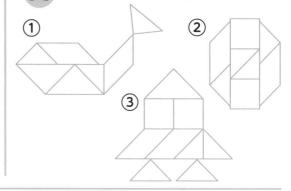

②

③

③

68 シルエットクイズ①

①

②

69 シルエットクイズ②

①

②

70 かけらそうぞうゲーム

① ④

② ⑤

③

71 かくし絵クイズ①

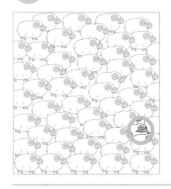

72 かくし絵クイズ②

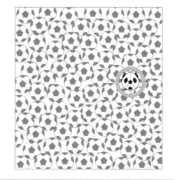

73 ばらばらかん字クイズ①

① 池　② 朝

74 ばらばらかん字クイズ②

① 時計　② 絵本

眼と手で おいかけっこ

―視線をジャンプさせる―

ステージ5は、跳躍性眼球運動・
眼と体のチームワークの
トレーニングです。ある点からある点へ、
すばやく眼球を動かして、
見たいものに視線を合わせます。

こんな効果が あります

- ☑ 文字や行の読み飛ばしがなくなる
- ☑ 黒板やノートの書き写しが早くなる
- ☑ 自分が見たいものや対象物を探し出せるように なる

75 ひらがなタッチ

レベル ★☆☆

メロンのあみ目に文字が書かれているよ。「あ」から「ん」までのひらがなをじゅんばんにさがして、声に出しながらゆびでタッチしよう。

	ら	く		ね	ん		
ま	う		つ	そ		む		を	あ
し		お	せ		め	き	な		れ	ち
よ		ふ	る		さ		の	け		わ
え	に		ほ	や	た		ゆ	み
は	か	す		て	い			ろ		も
ぬ			り			ひ	こ		へ	と

🐾 ポイント！

まずはゆっくりやって、つぎに時間を計ってちょうせんするニャン

ワークをした日

1回目	2回目	3回目
╱	╱	╱

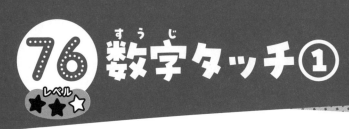

76 数字タッチ①

レベル ★★☆

1から30までの数字がちらばっているよ。1からじゅんばんに数字をさがして、声に出しながらゆびでタッチしよう。

ステージ5 …… 眼と手でおいかけっこ

🐾 **ポイント！**

1～30ができたら、つぎは30～1のじゅんばんでやってみるニャン

ワークをした日

1回目	2回目	3回目
/	/	/

131

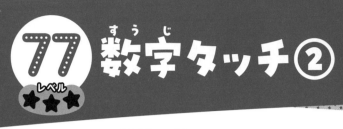

77 数字タッチ②

★★★ レベル

ミエタくんの風船が空に……。1 から 50 までの数字をじゅんばんに
タッチしながら風船をさがそう。声に出しながらタッチしてね。

ポイント!

ページのはしからはしまで、よく眼
を動かしながらタッチするニャン

ステージ **5**

眼と手でおいかけっこ

まってニャン

どこまでとんで
いくニャン

ワークをした日

1回目	2回目	3回目
/	/	/

78 イラストタッチ

レベル ★☆☆

見本のどうぶつの絵をよく見てね。下の○の中には、見本と同じ絵が
1つだけあるよ。見つけたらタッチしよう。

見本

😺 ポイント！

1回できたら、つぎはスピードアッ
プしてやってみるニャン

ワークをした日

1回目	2回目	3回目
／	／	／

ばらばらにちらばったくだものの中から、同じくだものを
見つけながら○でかこもう。くだものは7しゅるいあるよ。

ステージ5 …… 眼と手でおいかけっこ

ポイント！

「りんご」「もも」など、くだものの
名前を言いながらやってみるニャン

ワークをした日

1回目	2回目	3回目
／	／	／

80 なかまをさがそう②

★★★ レベル

42まいのカードの中から「みかん」「ひつじ」「バナナ」など、あつめるカードを3まいきめて、それぞれを○、△、□でかこもう。

（れい）みかんは○、ひつじは□、バナナは△でかこむ。

ポイント！
1れつずつじゅんばんに見ていくと、やりやすいニャン

ワークをした日

1回目	2回目	3回目
/	/	/

81 ひらがな色ぬり

★★☆ レベル

マスの中のひらがなのことばを読んで、その色をぬってみよう。
どんな絵が出てくるかな？ コピーしてからやると何回もできるよ。

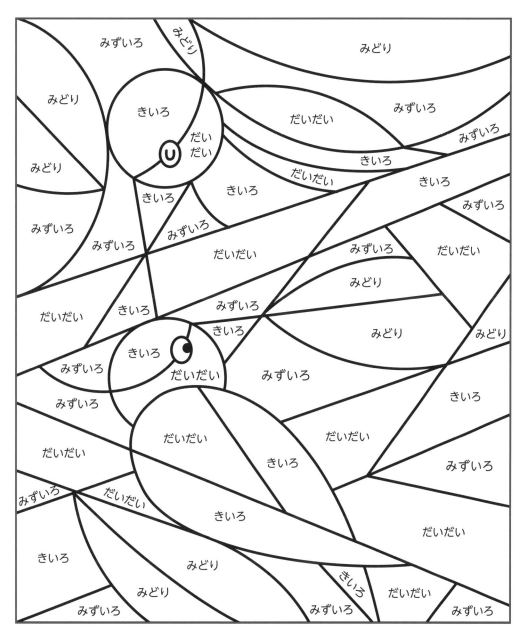

ステージ 5 …… 眼と手でおいかけっこ

ポイント！

まず、マスの中のことばを見て、ぬる色
をよういしてからぬりはじめてニャン

ワークをした日

1回目	2回目	3回目
／	／	／

82 カタカナ色ぬり

レベル ★★☆

マスの中のカタカナのことばを読んで、その色をぬってみよう。どんな絵が出てくるかな？ コピーしてからやると何回もできるよ。

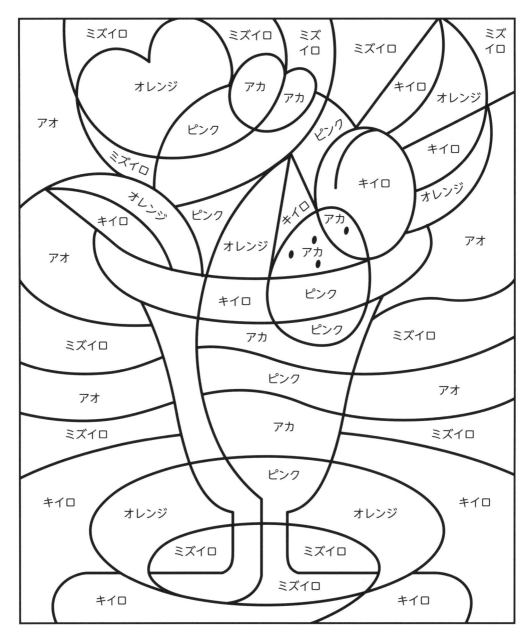

🐾 ポイント！

色をぬらないマスもあるニャン

ワークをした日

1回目	2回目	3回目
/	/	/

138

83 3つのことば読み①

★レベル★☆☆

学校と家にあることばがならんでいるよ。3つのことばを
1つ1つのことばにくぎって、声に出して読んでみよう。

つくえ／いす／さんすう
こうてい／たな／ほん
こくご／うわばき／りか
げんかん／みず／やさい
ちず／しゃかい／えのぐ
おんがく／おちゃ／ふで
かん／とけい／ふでばこ
たいいく／あめ／かびん
びん／せっけん／のり
さくひん／なべ／ふくろ
はな／ちゃわん／くし
ごはん／こうさく／まめ
ともだち／まど／さかな

ハム／スリッパ／バラ
ドア／ジャム／コップ
バナナ／ボール／ペン
パン／キウイ／エアコン
ポット／ガム／テレビ
リモコン／タオル／ボタン
バター／ノート／リビング
コーヒー／トイレ／リボン
クレヨン／マイク／ピン
コロッケ／カメラ／マット
ピアノ／シャワー／ベル
オレンジ／シール／ゴム
シャツ／カーテン／ゲーム

ステージ5……眼と手でおいかけっこ

🐾 ポイント！
1回できたら、つぎはリズムに合わ
せて読んでみるニャン

ワークをした日

1回目	2回目	3回目
／	／	／

139

ゆうえんちにかんけいすることばが、1れつに3つずつならんでいるよ。3つのことばを1つずつくぎって、声に出して読んでみよう。

ゆうえんちぎょうれつなつやすみ

かんらんしゃおばけやしきとけいだい

かいだんきゅうけいちゅうしゃじょう

ねっちゅうしょうおみやげしゃしんさつえい

のりほうだいおひるごはんこうつうじゅうたい

じゅんばんまちきょだいめいろすいとう

アトラクションジェットコースターレストラン

チケットテーマパークパレード

イルミネーションバイキンググリゾート

ゴンドラリュックサックメリーゴーラウンド

コーヒーカップホットドッグアイスクリーム

ブランコゴーカートステージショー

🐾 ポイント!

1つのことばをさいごまで読んでから、つぎのことばにすすむニャン

ワークをした日

1回目	2回目	3回目
/	/	/

かん字ランダム読み①

びじゅつかんに行ったら、かん字がならんだ絵を見つけたよ。
何だろう？　1行ずつ左から右に読んでみよう。

→

妹（いもうと）	糸（いと）	字（じ）	七（しち）	車（くるま）	二（に）
林（はやし）	百（ひゃく）	花（はな）	雨（あめ）	石（いし）	月
女（おんな）	牛（うし）	赤（あか）	先（さき）	玉（たま）	冬（ふゆ）
夜（よる）	虫（むし）	年（とし）	白（しろ）	土（つち）	雪（ゆき）
光（ひかり）	兄（あに）	東（ひがし）	春（はる）	目（め）	川（かわ）
馬（うま）	竹（たけ）	町（まち）	犬（いぬ）	谷（たに）	市（いち）
門（もん）	鳥（とり）	雲（くも）	八（はち）	草（くさ）	朝（あさ）
森（もり）	一（いち）	右（みぎ）	北（きた）	弓（ゆみ）	羽（はね）

ステージ5 ……

眼と手でおいかけっこ

🐾 ポイント！
むずかしいと思ったら、1行ずつ
じょうぎをおいて読んでみるニャン

ワークをした日

| 1回目 | 2回目 | 3回目 |
| ／ | ／ | ／ |

パパのノートをひらいたら、文字がぬけているみたい？ 右上から1れつずつ読みとばさないように、上から下に読んでみよう。

名（な）昼（ひる）力（ちから）気（き）音（おと）円（えん）戸（と）千（せん）手（て）↓

日（ひ）海（うみ）　　水（みず）　　図（ず）

万（まん）歌（うた）　文（ぶん）夏（なつ）　記（き）　魚（さかな）

王（おう）　毛（け）　肉（にく）空（そら）　木（き）元（もと）

南（みなみ）首（くび）台（だい）　　天（てん）貝（かい）

店（みせ）山（やま）　母（はは）家（いえ）親（おや）男（おとこ）　友（とも）

　　姉（あね）　　茶（ちゃ）　火（ひ）

村（むら）　星（ほし）　耳（みみ）声（こえ）会（かい）青（あお）

岩（いわ）父（ちち）　里（さと）紙（かみ）　本（ほん）上（うえ）

🐾 ポイント！
文字がないところも眼（め）でおいかけて、読む場所（ばしょ）をまちがえないでニャン

ワークをした日（ひ）
1回目（かいめ）	2回目（かいめ）	3回目（かいめ）
／	／	／

ステージ6

ぴったり
まねっこゲーム

―眼で見て体を動かす―

ステージ6は、眼と体のチームワークの
トレーニングです。絵と同じ
ポーズをとるなど、眼で見た情報に
合わせて体を動かすことで、眼と脳と体が
スムーズに連動するようになります。

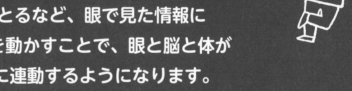

**こんな効果が
あります**

☑ 球技やダンスがうまくなる

☑ ボールやラケットなどの道具を使ったスポーツ
が上達する

☑ 定規やコンパスなどの文房具を使う作業が
うまくいく

87 手ジャンケンゲーム①

レベル ★☆☆

左上からよこ方こうへ「あいこ」になるようにジャンケンしよう。つぎに、右上からたて方こうにもやってみよう。

ここから■に
そってすすもう

ここから
■にそって
すすもう

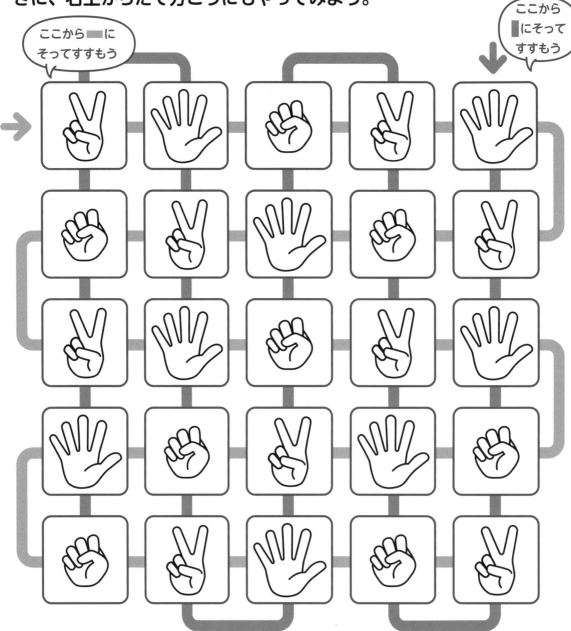

🐾 ポイント！

「あいこ」ができたら、「かち」「まけ」
のパターンもやってみてニャン

ワークをした日

1回目	2回目	3回目
/	/	/

144

こんどは2回れんぞくでやってみるよ。まずは「あいこ」、
つぎに「かち」「まけ」のパターンでもやってみよう。

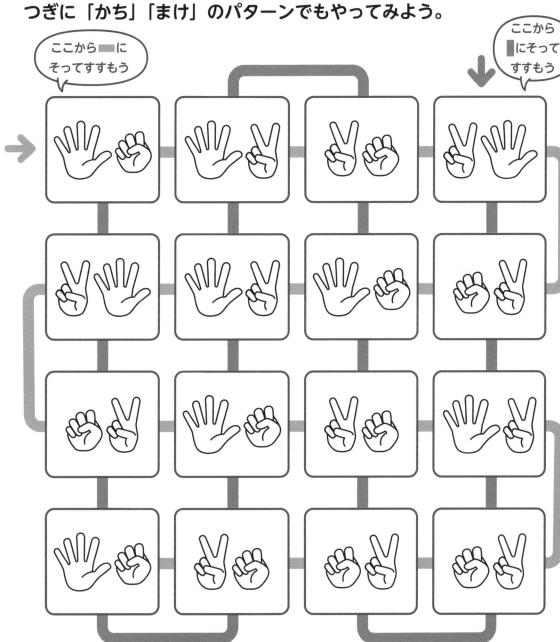

ここから ■ に
そってすすもう

ここから ▌ にそって
すすもう

ステージ **6** …… ぴったりまねっこゲーム

✿ ポイント！

なれてきたらスピードを上げてやっ
てみるニャン

ワークをした日

1回目	2回目	3回目
／	／	／

89 足ジャンケンゲーム

レベル ★★☆

つぎは足ジャンケンだよ。右の絵の
ポーズと同じように、ジャンケンしよ
う。「あいこ」「かち」「まけ」になる
ようにやってみてね。

足ジャンケンのポーズ

グー　チョキ　パー

ここから■に
そってすすもう

ここから
■にそって
すすもう

🐾 ポイント！

はじめはポーズを見ながらゆっくり
やってみるニャン

ワークをした日

1回目	2回目	3回目
／	／	／

146

まねっこステップ

右の絵のミルミルとおなじよう
に足をうごかそう。左上からや
じるしの方こうにすすんでね。

足のうごかし方
足あとの絵と同
じように足をう
ごかすニャン。

つま先をひらく　　右足を前に

ここからスタート

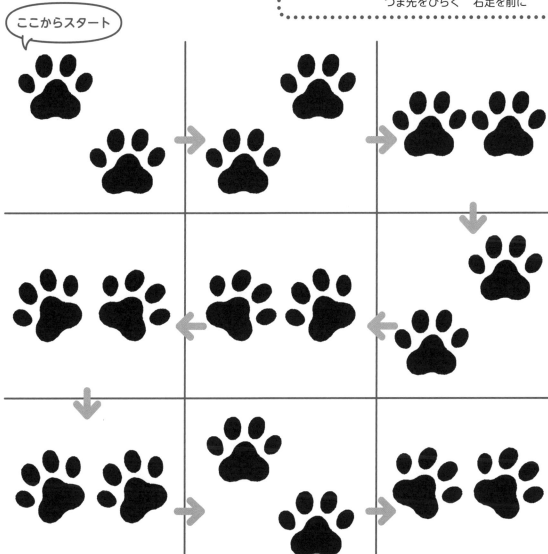

😺 ポイント!
なれてきたら、右上からたての方こ
うでもやってみるニャン

ワークをした日

1回目	2回目	3回目
/	/	/

91 やじるし体そう

レベル ★★☆

右の絵のように、やじるしがしめすポーズをとろう。左上からよこ方こうにすすんでね。

↑ 上　↓ 下　← 左　→ 右

ここから■にそってすすもう

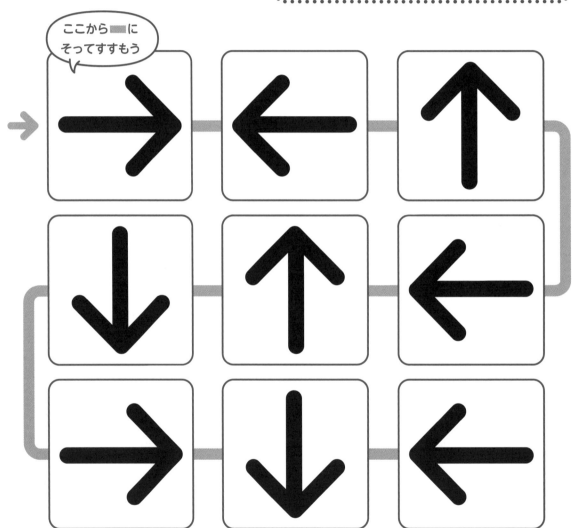

ポイント!
やじるしを見ながら「上、下、左、右」と声に出してやってみるニャン

ワークをした日

1回目	2回目	3回目
／	／	／

92 まねっこゲーム①

★☆☆ レベル

はた上げゲームをしよう。絵と同じポーズになるように手を
うごかしてね。左上からやじるしの方こうにすすもう。

ここからスタート

🐾 ポイント！

なれてきたら、右上からたての方こ
うでもやってみるニャン

ワークをした日

1回目	2回目	3回目
/	/	/

絵のようにおしりをうごかして、体そうしよう。左上からやじるしの方こうにすすんでね。

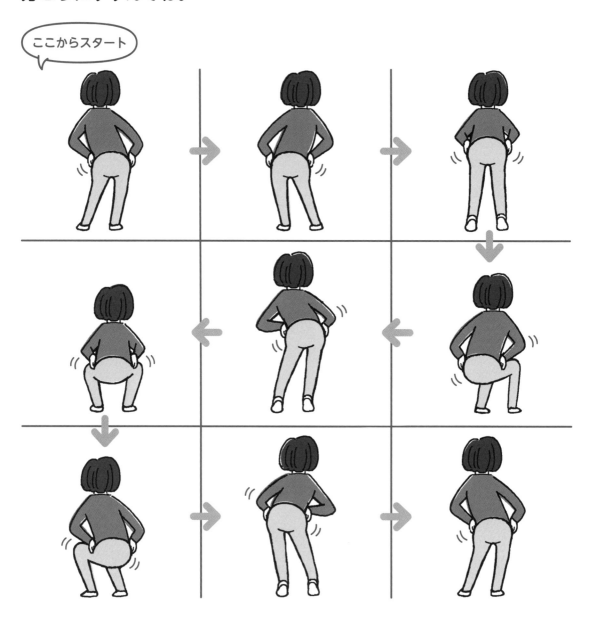

ここからスタート

🐾 ポイント!
右上からたての方こうにもやるとレベルアップするニャン

ワークをした日

1回目	2回目	3回目
/	/	/

94 まねっこゲーム③

レベル ★☆☆

トカゲとイルカをイメージしてまねっこしよう。まっすぐ前を見たままやってね。

トカゲのポーズ

まっすぐ前を見たまま、頭はうごかさないで

手を直角に上げて

イルカのポーズ

体をおこして

顔は前をむいたまま

ひざをまげる

1、2、1、2……
リズムに合わせて
体をうごかすニャン

ステージ**6**‥‥ぴったりまねっこゲーム

🐾 **ポイント!**

まっすぐ前の一点を見たままやるニャン

ワークをした日

1回目	2回目	3回目
/	/	/

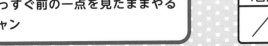

まねっこゲーム④

ミエタくんと同じポーズをして、ダンスをおどろう。左上から、やじるしの方こうにすすんでね。

🐾 ポイント!

リズムにのってうごいてみるニャン

ワークをした日

1回目	2回目	3回目
/	/	/

96 まねっこゲーム⑤

レベル ★★★

にんじゃの絵と同じポーズをしよう。できたらにんじゃになれるかも？ 左上から、やじるしの方こうにすすんでね。

ステージ 6 ‥‥‥ ぴったりまねっこゲーム

🐾 ポイント！
まず絵をよく見てゆっくりやってみるニャン

ワークをした日

1回目	2回目	3回目
/	/	/

157

視覚機能の専門家がいる機関

視機能トレーニングセンター Joy Vision
ジョイ ビジョン

兵庫県神戸市中央区三宮町 3-1-7（服部メガネ店内） TEL：078-325-8578

https://visiontraining.biz

Joy Vision 札幌
（放課後等デイサービス 天使のわ）

北海道札幌市北区北 7 条西 5-6-1
ストークマンション 1008 号
TEL：070-5287-3600

http://angel-ring.jp

Joy Vision 岩手
（スマイルメガネ研究舎）

岩手県盛岡市大通り 2-8-14
MOSS ビル 2 F
TEL：019-625-1242

http://horizon-silver.jp

Joy Vision 新潟
（メガネのいたば店内）

新潟県長岡市来迎寺 3944
TEL：0258-92-5055

http://www.joyvision-niigata.com

Joy Vision 横浜
（アイケアシステム）

神奈川県横浜市港北区綱島西 3-1-18
ローレンシアハイツ 1F
TEL：045-543-1071

http://joyvision-yokohama.eye-care.co.jp/

Joy Vision 富士
（メガネの博宝堂）

静岡県富士市吉原 2-4-5
TEL：0545-52-1841

http://www.opt-hakuhodo.com/joyvision/

Joy Vision 愛知
（メガネの井上）

愛知県東海市富木島町向イ 147-1
花井ビル 1F
TEL：052-601-5810

http://jvaoptinoue.client.jp

Joy Vision 名古屋
（近藤メガネ相談室）

愛知県名古屋市熱田区南一番町 1-49
TEL：052-654-5580

Joy Vision 福井
（ホープ）

福井県鯖江市住吉町 3-14-31
TEL：090-3887-1089

Joy Vision 京田辺
（サポーツ京田辺）

京都府京田辺市河原御影 30-8
新田辺デパート 2F
TEL：090-3941-1316

https://r.goope.jp/joyvisionktanabe

Joy Vision 南但

兵庫県養父市八鹿町八鹿 1894-1
TEL：090-8126-9948

http://joyvision-nt.jp

Joy Vision 奈良
（オプト松本）

奈良県橿原市常盤町 495-1
TEL：0744-35-4776

https://www.joyvisionnara.com

Joy Vision させぼ
（尚時堂）

長崎県北松浦郡佐々町本田原免 73-3
TEL：0956-63-2235

http://www.shojido.com

Joy Vision 大分
（メガネの豊福）

大分県臼杵市本町 5 組
TEL：0972-62-2970

https://toyofuku-megane.pupu.jp/

視覚発達
支援センター

千葉県浦安市入船 4-1-24
TEL：047-353-3017

http://www.ikushisya.com

大阪医科薬科大学
LD センター

大阪府高槻市北園町 11-14
高槻北園町ビル2F
TEL：072-684-6236

https://www.ompu.ac.jp/u-deps/ldc/

視覚機能の
トレーニングができる場所

**株式会社
スマイルキッズ**

東京都大田区南久が原 2-12-14
三立ビル 1F
℡ : 03-6715-2370
https://www.smile-kids.co.jp

**発達支援センター
ジョイナス中村橋
駅前教室**

東京都練馬区貫井 1-1-4
トレスリーオス 2F
℡ : 03-5848-6484
http://hscjoinus.com/

株式会社エンジョイ

三重県鈴鹿市算所 1-14-33
℡ : 059-389-5388
https://www.e-enjoy.co.jp

**株式会社
From Earth Kids**

大阪府大東市諸福 1-12-12
℡ : 072-872-1801
https://from-earth-kids.hp.peraichi.com/

ともともびじょん

兵庫県尼崎市大庄西町 1-9-10-2 階
℡ : 080-3850-9889
https://www.tomotomovision.info/

**児童発達支援・放課後等
デイサービス
heath（ヒース）**

広島県広島市中区舟入南 4-10-22
ビクトリービル 1F
℡ : 070-4799-4498
https://www.heath-0501.com/

株式会社おきなわ edu

沖縄県那覇市首里石嶺町 4-366-1
℡ : 098-943-2845
https://okinawa-edu.com/

監修者 PROFILE

北出勝也
きた で かつ や

視機能トレーニングセンター Joy Vision　代表
米国オプトメトリー・ドクター
一般社団法人　視覚トレーニング協会　代表理事

関西学院大学商学部卒業後、キクチ眼鏡専門学校を経て、米国パシフィック大学へ留学。検眼学（オプトメトリー）を学び、米国の国家資格「ドクター・オブ・オプトメトリー」を取得。帰国後、日本には数少ないオプトメトリストとして、見え方の悩みをもつ子どもやスポーツ選手の視覚機能の検査、トレーニング指導に従事。書籍の執筆や講演会、勉強会の講師など幅広く活躍している。兵庫県立特別支援教育センター相談員。著書・監修書に『発達の気になる子の学習・運動が楽しくなるビジョントレーニング』『学習・運動が好きになる1日5分！ 眼と体を楽しく動かす ビジョントレーニング・ワークブック』(ナツメ社)、『学ぶことが大好きになるビジョントレーニング』(図書文化社)、『発達障害の子のビジョン・トレーニング』(講談社)、『眼を動かすだけ1分間超集中法』(光文社) など多数。

● 楽しくビジョントレーニング　北出勝也のブログ
https://ameblo.jp/visiontraining
● ビジョントレーニングインストラクターZOOM講座
https://visiontraining.biz/zoomkouza

STAFF

カバーデザイン
tobufune

カバーイラスト
seesaw.

本文デザイン
鳥住美和子（chocolate.）

本文イラスト
seesaw.
やまおかゆか

DTP
小林真美（WILL）
岡田由美子

校正
村井みちよ

編集協力
秋田葉子・木島由里子（WILL）
山口舞

編集担当
齋藤友里（ナツメ出版企画株式会社）

本書に関するお問い合わせは、書名・発行日・該当ページを明記の上、下記のいずれかの方法にてお送りください。電話でのお問い合わせはお受けしておりません。
・ナツメ社webサイトの問い合わせフォーム
　https://www.natsume.co.jp/contact
・FAX（03-3291-1305）
・郵送（下記、ナツメ出版企画株式会社宛て）
なお、回答までに日にちをいただく場合があります。正誤のお問い合わせ以外の書籍内容に関する解説・個別の相談は行っておりません。あらかじめご了承ください。

1日5分！ はじめてのビジョントレーニング
にち　ふん
【わくわくパズル＆ゲーム】

2023年12月5日　初版発行

監修者	北出勝也 きた で かつ や	Kitade Katsuya,2023
発行者	田村正隆	

発行所　株式会社ナツメ社
　　　　　東京都千代田区神田神保町1-52 ナツメ社ビル1F（〒101-0051）
　　　　　電話　03（3291）1257（代表）　FAX 03（3291）5761
　　　　　振替　00130-1-58661

制　作　ナツメ出版企画株式会社
　　　　　東京都千代田区神田神保町1-52 ナツメ社ビル3F（〒101-0051）
　　　　　電話　03（3295）3921（代表）

印刷所　図書印刷株式会社

ナツメ社Webサイト
https://www.natsume.co.jp
書籍の最新情報（正誤情報を含む）はナツメ社Webサイトをご覧ください。

テングラム・パズル型紙

ステージ4「ばらばらパズル」（104～119ページ）で使用する型紙です。ミシン目に沿って型紙を切り取り、線に沿って10ピースのパズルを切りはなして使いましょう。

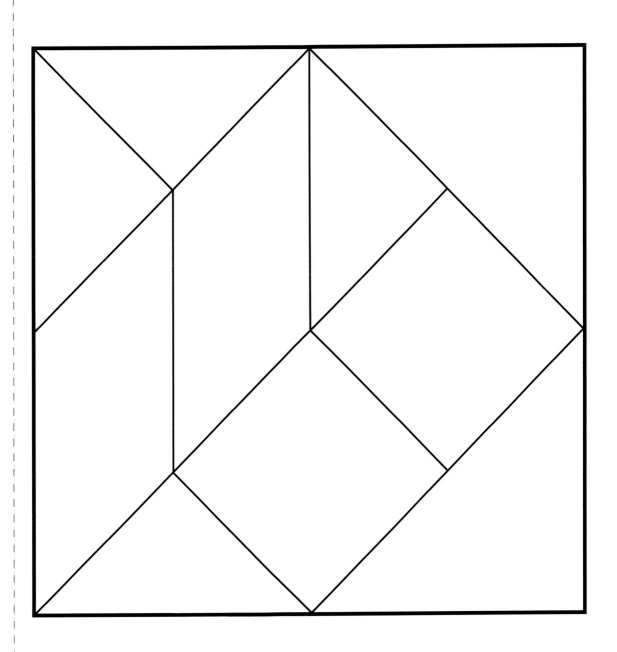

別紙②

スティック・パズル型紙

ステージ4「ばらばらパズル」（104～119ページ）で使用する型紙です。ミシン目に沿って型紙を切り取り、線に沿って24ピースのパズルを切りはなして使いましょう。